じぶんで作るからとびきりおいしい食材・保存食・調味料・おかず

自家製レシピの手帖

濱村 圭

KADOKAWA

はじめに

はじめまして。

本書を手に取ってくださり、ありがとうございます。

私は料理研究家、フードコーディネーター、MC の仕事をしながら
3 人の子どもを育てています。

私が手作りにハマったのは、長男妊娠中。

私自身が生まれつきアトピーで、アレルギーもあり

そのことで辛い経験をしてきました。

我が子に、どうか健康に育ってほしい。

そう思い、食に気をつけるようになったことがきっかけです。

ただ毎日の料理を作るだけでなく

普通なら市販で買うような食材や調味料も手作りに挑戦し、

Instagram でも発信しているように「自家製マニア」と自分を紹
介するようになりました。

Instagram で自家製レシピを発信していく中で、たくさんの方の
目にとめていただき、

「原材料が見えて安心」
「無添加なので大切な人に安心して食べさせることができる」
そういうお声をたくさんいただきました。

日常には便利な食品があふれていて、毎日はとても忙しい。
発信を続けていて気がついたのは「手作りは、それだけでごちそうだ」ということ。

「手作りしたいけど時間がない」「手作りしてみたいけど難しそう」
そう思う方もきっとたくさんいらっしゃいます。
本書では「簡単に」「家にある材料で」作れる自家製レシピをお届けします。
普段買っているものをぜひ、手作りしてみてください。
手作りのおいしさと魅力にハマりますよ。

次の「自家製マニア」はあなたかもしれません。

濱村 圭

はじめに　2
自家製レシピとは　7
自家製レシピのルール　8
本書の見方と注意事項　11

第1章

そのまま食べてもおいしい、材料としても使える。
自家製で作る食材・加工品

ベーコン　16
ARRANGE
ベーコンジャム　19
ベーコンジャムサンド　20
BLTサンド　21

ハム　22
ARRANGE
ハムステーキ
ハニーマスタードソースがけ　25
ハムときゅうりの
春雨サラダ　25

ツナ　26
ARRANGE
スパニッシュオムレツ　28
ツナぺぺたま　29

ソーセージ　30
ARRANGE
ホットドッグ　34
ジャーマンポテト　35

豆腐　36
ARRANGE
おからお好み焼き　39
豆腐チゲ　40

クリームチーズ　42
ARRANGE
春巻き　45
バスクチーズケーキ　46

コンビーフ　48
ARRANGE
コンビーフユッケ　50
コンビーフチャーハン　51

プルドポーク　52
ARRANGE
焼肉のたれ　54
キューバサンド　55

第2章

材料が全部わかるって安心。

自家製で作る調味料・たれ・ソース・もと

クリームシチューのもと　64

カレールウ　66

コンソメのもと　68

鶏ガラスープのもと　70

和風だしのもと　72

浅漬けのもと　73

オイスターソース　74

ウスターソース／中濃ソース　76

ポン酢　79

白だし　80

めんつゆ　81

マヨネーズ　82

ケチャップ　83

コチュジャン　84

ラー油　85

豆板醤　86

　ARRANGE　棒棒鶏　87

洋風醤油ドレッシング　88

ごまだれ　89

にんにく調味料　90

　にんにく醤油漬け／にんにくオリ
　ーブオイル漬け／にんにくごま油
　漬け／にんにくパウダー

しょうがストック　94

　すりおろしごま油ストック／みじ
　ん切りごま油ストック／すりおろ
　しストック／みじん切りストック
　／スライスストック

白みそ　96

ピスタチオバター　98

ピーナッツクリーム　99

発酵バター　100

第3章

そのままおいしいおかずにもなる。

自家製で作るいろいろなレシピ

キムチのもと　104

本格白菜キムチ　106

オイキムチ　107

大根キムチ　108

牡蠣キムチ　109

うずらキムチ　110

梅干しキムチ　110

切り干しささみキムチ　111

たくあん　112

福神漬け　113

千枚漬け　114

らっきょう甘酢漬け　115

明太なめたけ　116

海苔の佃煮　116

福岡風イカの塩辛　117

アンチョビ（ナンプラー）　118

ごまあじ　120

絹厚揚げ　121

がんもどき　122

玉子豆腐　123

はんぺん　124

さつま揚げ　125

ハトシ　126

もつ鍋　127

かしわめしのもと　128

いなり揚げ　129

ハヤシライス　130

バターチキンカレー　132

モッツァレラチーズ　134

ジンジャーエール　136

コーラ　137

グラノーラ　138

コラム　我が家の梅仕事

　カリカリ梅　57

　梅シロップ　58

　しそジュース　60

おわりに　139

INDEX

　本書で作った食材・調味料を

　使うレシピを探す　142

自家製レシピとは

いつもはスーパーで買ったり、お店に行って食べたりするようなものを
家庭で材料を揃えて、手作りするレシピのこと。

本書の自家製レシピの特徴

● 入っているものがわかるから、安心です。
● 手に入りやすい材料で作れてかんたん。難しくありません。
● 家庭で使える道具で作れます。専門的な道具は使いません。

こんなレシピを紹介しています

● ベーコンやハム、豆腐、クリームチーズなど
　いつもならスーパーで買ってきて使う食材や加工品。
● カレールウやコンソメ、ソース類、ポン酢、白だしなど
　調理には欠かせない調味料。
● キムチや漬物、さつま揚げ、ハヤシライス、グラノーラなど
　買ってきたり、お店に行ったりして食べることが多いもの。

市販の食材や調味料を否定するものではありません。
週末、時間のあるときや
ちょっとだけ本格的なレシピに
チャレンジしたいときにぜひ作ってみてください。

自家製レシピのルール

おいしく、安全に自家製レシピを楽しむためには
「作るとき」「保存するとき」「食べるとき」に気をつける
いくつかのルールがあります。

作るとき

● 手や調理する場所、調理道具は常に清潔に

本書の自家製レシピは時間をかけて作るものが多いです。
雑菌が繁殖しないように、手はもちろん道具もしっかり洗い、アルコール
消毒または煮沸消毒をしてから調理をスタートしましょう。
また、調理中も手や場所、調理道具を清潔にすることを忘れずに。
例えば、生肉を触った手や道具は清潔にしてから次の工程に移るようにし
ましょう。

● 新鮮な食材を使う

傷みかけている食材を使用すると、おいているときや保存中に腐ってしま
う可能性があります。できる限り、新鮮な食材を選んで調理しましょう。

道具のこと

ブレンダー・ミキサー	フードプロセッサー	ミルサー
食材を液体と一緒に撹拌する。水分がないと使いづらい。	食材を粗く刻んだり混ぜたりする。水分がなくても使える。	硬い食材や小さい食材を細かくする。

＊似ていますが、それぞれ特徴があるのでどういうときに使うか知っておきましょう。

さらし

食材の水気を切るときに包んで絞ったり、ざるに敷いたりして使います。
強度が高く破れにくいキッチンペーパーで代用してもOK。
使い終わったら、よく洗って煮沸消毒をしましょう。

保存するとき

● 清潔な保存容器で保存する

瓶は煮沸消毒し、密閉保存容器はアルコールで拭いてから使います。
密閉保存袋は使い回しをせずに、新しい袋を使いましょう。
アルコールで容器を拭く場合は、布巾ではなくキッチンペーパーを使った
方が衛生的です。

● 完全にさましてから密閉する

加熱調理をしたものを瓶や容器、袋に熱いうちに入れてふたや口を閉じる
と蒸気の水滴が作ったものにつき、腐敗の原因になります。コンソメなど
の調味料はその水分でくっついてしまい、使うときに出しづらくなってし
まうため、必ずさましてから密閉しましょう。

● すばやく冷やす・凍らせる

加熱調理をするレシピは生温かいうちに冷蔵庫（冷凍庫）に入れると冷え
るまでに時間がかかり、腐敗の原因になったり、味が落ちてしまったりし
ます。
熱伝導性の高いガラス容器やホーロー容器を使ったり、袋に入れるときは
小分けにして薄く伸ばしたりするようにしましょう。

● 空気を抜いて保存する

冷凍保存中、作ったものが空気にたくさん触れている状態だと、霜がつい
てしまったり、酸化して味が落ちてしまったりします。
袋に入れるときは空気を抜いて、容器に入れるときはなるべくサイズがち
ょうどいい容器を選んで保存しましょう。

食べるとき

● 見た目やにおいに異変を感じたら
　使わない・食べない

食べる前や、調理に使う前に必ず状態を確認しましょう。本書に記載されている保存期間は目安です。各家庭の冷蔵庫の状態や気温によって、変わることもあるため異変を感じたら使用をやめてください。

● 取り分けは清潔な調理道具やカトラリーですばやく

冷蔵保存しているレシピを少し使ってまた保存をするときは、必ず清潔な調理道具を使います。先に生の肉を切った包丁で、ベーコンをスライスして冷蔵庫に戻したり、口をつけた箸でおかずを取り出したりするのはNG。調理道具やカトラリーについた菌が腐敗の原因になってしまいます。
また、温度が上がらないうちに冷蔵庫に戻せるよう、すばやく取り分けましょう。

保存期間の目安

ほとんどすべてのレシピに保存期間の目安とアドバイスを掲載していますが、保存に向いていないレシピには保存期間を掲載していません。
掲載のないレシピを万が一当日中に食べきれなかった場合は、冷蔵庫に入れて翌日までには食べ切るようにしてください。

保存

冷蔵 … 1週間
・スライス前のベーコンをぴったりラップで包んで保存。
・食べるときにスライスする。

冷凍 … 3週間
・食べやすい薄さにスライスしてから、空気が入らないようにラップでぴったり包み、密閉保存袋に入れて保存。
・食べるときは冷蔵庫に入れて解凍し、加熱する。

本書の見方と注意事項

Ⓐ
おいしく作るためのアドバイスやポイント、コツなどです。

Ⓒ
・本書でレシピを紹介している食材や、調味料には参照ページを記載しています。本書のレシピで作ったものと市販品、どちらを使っても作れます。
・市販品によっては塩味が強い場合があるため、調味料の分量は味を見ながら調整してください。
・はちみつを使用しているレシピは、1歳未満の赤ちゃんに絶対に食べさせないでください。

Ⓓ
・野菜は水洗いし、作り方に表示がなければ皮をむき、種やへた、芽など不要な部分を取り除いて調理してください。
・特に記載のない場合の火加減は中火です。
・掲載している調理時間は目安です。調理器具や使用する食材によって差があるため、様子を見ながら必要に応じて調整してください。

Ⓔ
調理に必要なポイントやコツ、その他にも役に立つ情報を記載しています。

Ⓕ
レシピによってはよくある質問と、その回答を掲載しています。わからないことがあったら、確認してみてください。

Ⓑ
・特に記載のない場合については、作りやすい分量で紹介をしています。
・大さじ1＝15㎖、小さじ1＝5㎖です。「少々」は親指と人差し指でつまんだ量が目安です。
・特に記載のない場合、塩は天然塩、砂糖はてんさい糖、粉唐辛子は韓国産のものを使用しています。食塩相当量の数値が高い塩（食塩）を使う場合は、塩味が強くなりすぎてしまうので、量を調整してください。

そのまま食べてもおいしい、材料としても使える。

第1章

自家製で作る
食材・加工品

ベーコンは、ほぼほったらかしで燻製もしない。

ソーセージだって腸詰の道具は使わない。

本格的な工程を踏まなくても、おいしい自家製料理は作れます。

中には、完成までに時間がかかるレシピもありますが

「時間はかけても手間はかけない」

これが私のモットーです。

毎日、頑張らなくてもいいんです。

自家製レシピの発信をしている私だって

忙しい日々の中で既製品を使うこともあります。

無理をして、必要以上に手間をかけることはありません。

「今日はちょっと時間があるから、自家製で作ってみようかな」

「週末、時間があるからちょっと料理頑張りたいな」

そんな気持ちのときはぜひ自分の手でイチから作ってみてください。

手間はかけなくても時間がおいしくしてくれますよ。

きっと素敵な食卓になるはずです。

だって、料理は手作りということだけでも十分ごちそうですから。

ベーコン

手間のかかる燻製をしなくても
おいしくかんたんに作れるお手軽ベーコンです。
焼いた後は、一晩冷蔵庫で寝かせて脂をしっかり落ち着かせて。

材料
豚バラブロック肉 … 300g

調味料

> 仕込み用

砂糖 … 小さじ1/2
岩塩 … 小さじ2
ブラックペッパー … 適量

> 焼くとき

お好きな茶葉 … 大さじ2〜3
　（本書では紅茶を使用）
砂糖（あればザラメ） … 大さじ1

作り方

> 仕込み

1　キッチンペーパーで豚肉の水分をしっかり拭き取り、砂糖・塩・ブラックペッパーの順でもみ込む。

2　バットの上に網をおき、その上に1をのせたら冷蔵庫で1日（24時間）おくⓐ。
→ ラップはしない。

> 焼く

3　冷蔵庫から取り出したら、キッチンペーパーで豚肉の表面に残った塩や水分などを拭き取り、約30分おいて常温に戻す。

4　天板の上にアルミホイルを敷いて茶葉、砂糖を広げ、その上に豚肉をのせた網をおくⓑ。予熱なしの120℃のオーブンで90分焼いて、そのまま30分放置する。

> 寝かせる

5　粗熱が取れたら、ラップをして一晩冷蔵庫におく。

保存

冷蔵 … 1週間
・スライス前のベーコンをぴったりラップで包んで保存。
・食べるときにスライスする。

冷凍 … 3週間
・食べやすい薄さにスライスしてから、空気が入らないようにラップでぴったり包み、密閉保存袋に入れて保存。
・食べるときは冷蔵庫に入れて解凍し、加熱する。

ⓐ

ⓑ

ベーコン Q & A

Q 仕込みで冷蔵庫に1日おくときにラップをしないのはなぜ?

A 仕込みのときはラップをしません。ラップをせずに冷蔵庫でおくことで、肉を乾燥させる目的があります。

Q オーブンではなく、グリルで作ることもできますか?

A おすすめはオーブンですが、グリルで焼くことも可能です。肉の厚みが1/2〜1/3になるよう切り分け、弱火で加熱します。加熱時間はレシピの半分にしてください。
途中焦げそうであればアルミホイルをかぶせてください。

＊お使いのグリルによって最適な厚みや加熱時間は異なるため、調整してください。

Q 2本同時にオーブンで焼くことは可能ですか?

A なるべく厚みが均等なものを選べば可能です。加熱時間は様子を見ながら必要であれば追加してください。

Q 焼いた後はそのまま食べられますか?

A 火をしっかり通してあるので、そのまま食べられます。冷蔵庫に入れた後は脂が完全に固まるので、軽く焼いてから食べると、よりおいしいです。

Q オーブンににおいは残りますか?

A 燻製するわけではないので、においはほぼ残りません。

Q 普通の塩でもいいですか?

A 普通の塩でも作ることは可能です。商品によって成分が異なるため、完全に防げるわけではありませんが、岩塩はボツリヌス菌対策のひとつになると言われています。また、岩塩には肉の発色をよく仕上げる役割もあります。

肉の大きさ対応表

豚肉	砂糖	岩塩	焼き時間
200g	小さじ1/3	小さじ1と1/3	80分
400g	小さじ2/3	小さじ2と1/3	100分
500g	小さじ1	小さじ2と1/2	120分

ARRANGE
ベーコンジャム

ジャムといえばフルーツですが、
ベーコンで作るジャムも絶品です。
ぜひ試してみて。
市販品のベーコンで作る場合は
塩味が強いので、ポン酢の量で
味を調整してください。
玉ねぎは凍らせると炒め時間の短縮に。

材料
ベーコン（p.16）… 250g
玉ねぎ … 250g
→ 角切りにして冷凍しておく。
にんにく（みじん切り）
　… 1かけ分
A ┌ きび砂糖
　│　（または黒糖）… 50g
　│ コーヒー … 70㎖
　└ ポン酢（p.79）… 20㎖
はちみつ … 大さじ1

作り方

1　ベーコンは粗みじん切りにしてフライパンで炒め、脂が出てきたらいったん取り出す。

2　1のフライパンで残ったベーコンの脂を使って、凍った玉ねぎとにんにくを茶色になるまで炒める。
　→ にんにくは焦げそうになったら取り出す。

3　1のベーコンとAを加えて、弱火で水分を飛ばしながら煮詰める。

4　全体にとろみがついてきたら火を止めて、はちみつを加え混ぜる。

ベーコンジャムのおいしい食べ方
甘辛くクセになる味つけなので
ご飯にもパンにも合います。
おすすめは白米にたっぷりのせて、卵黄を落とした食べ方。
おにぎりの具として入れてもおいしいですよ。

19

ARRANGE

作ったベーコンは、サンドイッチに挟んで食べても絶品です。
お好みの具材と一緒に挟んで、ランチやピクニックにも。

ベーコンジャムサンド

材料
ベーコンジャム（p.19）、
クリームチーズ（p.42）… お好みの量
お好みのパン … 2枚
　（本書では、イングリッシュマフィンを使用）

作り方
1. パンの表面にクリームチーズを塗り、ベーコンジャムをのせる。
2. もう一枚のパンで挟む。

BLTサンド

材料

ベーコン（p.16）、レタス、トマト（スライス）、スライスチーズ … お好みの量
お好みのパン … 2枚
　（本書では、全粒粉食パンを使用）
バター（p.100）… 適量

作り方

1　2枚のパンの表面にバターを塗る。

2　ラップを広げてバターを塗った面が上になるようにパンをおき、トマト、チーズ、ベーコン、レタスをのせる。もう一枚のパンをバターを塗った面が内側になるようにしてのせる。

3　ラップで全体をギュッと包み、包丁でラップごと切る。

ハム

ベーコンと同様、燻製をせずかんたんに作れるお手軽なハムです。
おいしく仕上げるためには、調味料をもみ込む順番が大切。
レシピ通りの順番にもみ込んで、しっとりジューシーなハムをいただきましょう。

材料
豚ロースブロック肉 … 500g

調味料

仕込み用

砂糖 … 小さじ1
岩塩 … 小さじ2と1/2
酒 … 大さじ1
ブラックペッパー … お好みで
オリーブオイル … 大さじ2
ローリエ … 1枚

焼くとき

お好きな茶葉 … 大さじ2〜3
　（本書では紅茶を使用）
水 … 50㎖

作り方

仕込み

1. キッチンペーパーで豚肉の水分をしっかり拭き取り、酒・砂糖・塩・ブラックペッパーの順番でもみ込む。

2. 密閉保存袋に1とオリーブオイル、ローリエを入れ、1日冷蔵庫でおく ⓐ。

焼く

3. 袋から豚肉を取り出したら、キッチンペーパーで豚肉の表面に残った塩や水分などを拭き取り、約30分おいて常温に戻す。

4. 天板の上にアルミホイルを敷いて茶葉を広げ、水をかける。その上に豚肉をのせた網をおき、予熱なしの170℃のオーブンで45分焼く。オーブンから取り出したら、新しいアルミホイルで包み、30分おく。

→ 竹串を刺して、出てくる脂が透明になっていたら加熱完了。ピンクだった場合は、加熱時間を増やしてください。

保存

冷蔵 … 1週間
・スライス前の状態をぴったりラップで包んで保存。
・食べるときにスライスする。

冷凍 … 3週間
・食べやすい薄さにスライスしてから、空気が入らないようにラップでぴったり包み、密閉保存袋に入れて保存。
・食べるときは冷蔵庫に入れて解凍し、加熱する。

ⓐ

ハムＱ＆Ａ

Q 砂糖は必ず入れないとだめですか？

A 砂糖の効果でお肉がよりしっとりやわらかくなるので、ぜひ入れてください。

Q 焼いた後はそのまま食べられますか？

A 火をしっかり通してあるので、そのまま食べられます。

Q 肉の臭みが気になります。どうにかなりますか？

A おすすめの臭み対策は３つあります。

　・新鮮なお肉を使う
　・肉のドリップをしっかり拭き取る
　・漬け込むときにすりおろしたにんにくを少量追加する

できるところから実践してみてくださいね。

Q 茶葉は緑茶でもいいですか？

A 緑茶や麦茶でもOKです。２種類をブレンドしてもいいですね。茶葉によって変わる風味を楽しんでください。

肉の大きさ対応表

豚肉	砂糖	岩塩	焼き時間
300g	小さじ1/2	小さじ1	35分
400g	小さじ2/3	小さじ2	40分

上記以外の調味料はレシピと同じでOK。

ARRANGE

ハムステーキ ハニーマスタードソースがけ

材料（2人分）
ハム（p.22）… お好みの量
A ┌ マヨネーズ（p.82）… 大さじ1
  │ 粒マスタード … 大さじ1
  │ はちみつ … 大さじ1/2
  └ 醤油 … 小さじ1

作り方

1 ハムを厚切りにして熱したフライパンで焼き、表面に焼き目をつける。
2 Aをよく混ぜ合わせる。
3 皿に盛りつけた1に2をかける。

ハムときゅうりの春雨サラダ

材料（2人分）
春雨 … 20g
きゅうり … 1本
ハム（p.22）… 40g

調味料
砂糖 … 小さじ2
酢 … 大さじ1と1/2
醤油 … 小さじ2
ごま油 … 大さじ1
鶏ガラスープのもと
（p.70）… 小さじ1

作り方

1 春雨を熱湯で戻し、水気を切る。長い場合は食べやすい長さに切る。
2 きゅうりとハムを細切りにする。
3 1の春雨と2のきゅうりとハムをすべての調味料と混ぜ合わせる。仕上げにお好みでいりごまをふる。

ツナ

煮るだけで作れてしまう簡単ツナ。
カツオは刺身用に切られているものを使っても。

材料
カツオ … 200g

調味料
塩 … 小さじ1
にんにく … 1かけ
お好みのハーブ … 1枚（ローズマリーやローリエがおすすめ）
黒こしょう（ホール）… 10粒
オリーブオイル … 適量
鷹の爪（種は取り除く）… 1本

保存

冷蔵 … 2週間
・加熱に使用したオイルごと保存容器に入れ、密閉して保存。
・オイルが少ない場合はカツオがかぶるくらいの量までオリーブオイルを足す。

冷凍 … 3週間
・食べやすい量に分けてから、加熱に使用したオイルごと保存容器、または保存袋に入れて密閉して保存。
・食べるときは冷蔵庫で解凍し、皿に移してから加熱する。

作り方

1　カツオを一口大に切り、塩をまぶして手でなじませる。15分ほどおいたら、キッチンペーパーで水気をしっかり拭き取る。にんにくは厚めにスライスする。

2　鍋に1のカツオとにんにく、残りの調味料を全て入れ、弱火にかける。カツオが崩れない程度に返しながら、火が通るまで加熱する ⓐ。
　→ オリーブオイルはカツオがかぶるくらいの量が目安。

ツナQ&A

Q　子どもも食べられますか？

A　鷹の爪を抜いて、塩を少し減らせば辛いものが苦手な方でもおいしく食べられます。

Q　カツオ以外の魚でも作れますか？

A　マグロやサバ、ブリなどでも作れます。ほかの魚でも作れると思いますので、ぜひいろいろな魚で試してみてください。

ARRANGE

スパニッシュオムレツ

じゃがいもを入れてボリュームたっぷりに。
パンに挟んでサンドイッチにしてもおいしいですよ。

材料（2人分）

ツナ（p.26）… 70g
じゃがいも … 2個
玉ねぎ … 1/2個
卵 … 3個
コンソメ（p.68）… 小さじ1
オリーブオイル … 大さじ4

作り方

1 玉ねぎはみじん切り、じゃがいもは1cm厚さのいちょう切りにする。

2 フライパンにオリーブオイル大さじ2を熱し、玉ねぎをサッと炒めたら、じゃがいもを加える。弱火にしてじゃがいもに火が通るまで炒めたら、フライパンからいったん取り出してさます。

3 ボウルに卵を割り入れて溶きほぐし、2とツナ、コンソメを入れて混ぜる。

4 きれいにしたフライパンにオリーブオイル大さじ2を熱し、3を入れてふたをして弱火で7分加熱する。皿にひっくり返して、焼き面が上になるようにフライパンにスライドさせて戻し、ふたをせず3分焼く。

ツナぺぺたま

福岡で有名なペペロンチーノに卵を加えたパスタにツナをプラス。
お子さんでも食べられるよう、鷹の爪はお好みで。

材料（2人分）

パスタ … 200g
ツナ（p.26）… 70g
卵 … 2個
にんにくオリーブオイル漬けの
にんにく（p.90）… 大さじ1
塩（パスタ用）… 適量
にんにくオリーブオイル漬けの
オイル（p.90）… 大さじ4
塩 … 小さじ1
白だし（p.80）… 大さじ1

作り方

1　湯を沸かした鍋にパスタ用の塩を加え、パスタを表記の時間通りゆでる。

2　フライパンにオイルとにんにくを入れ、弱火で加熱する。にんにくの香りがしてきたら、パスタのゆで汁をお玉1杯分加えて混ぜる。

3　ボウルに卵を溶きほぐし、白だしと塩を加えて混ぜ合わせる。

4　2にゆで上がったパスタとツナを加え、中火で絡めて火を止める。3を加え、パスタに絡ませる。

5　皿に盛り、仕上げにお好みで鷹の爪と黒こしょうを散らす。

ソーセージ

自家製だと手間はかかりますが、苦労したぶんだけおいしさも格別。
タネ作りで脂が溶け出さないように冷やすこと、
タネを羊腸に詰めるときは破れやすいのでやさしく丁寧に作業すること。
この2つが手作りソーセージを成功させるコツです。

材料

仕込み用

豚ひき肉 … 約500g
玉ねぎ（すりおろし）… 1/2個分
にんにく（すりおろし）
　… 1かけ分
氷水 … 50㎖

詰める用

羊腸 … 約2m

調味料

仕込み用

岩塩 … 小さじ1～1と1/2
砂糖 … 小さじ1
お好きなハーブ（あれば）
　… 小さじ1/2
　（パセリ、オールスパイス、
　　ナツメグなど）

道具

厚手の保存袋
タピオカ用ストロー
ビニールテープ
タコ糸

作り方

準備

1　玉ねぎとにんにくをすりおろす。羊腸をひたひたの水（分量外）に浸け、5分～10分ほどおく。
　→ 購入した羊腸によって水に浸ける時間が変わります。購入した羊腸の説明に合わせて調整してください。

2　豚ひき肉、玉ねぎとにんにくのすりおろしは、こねる直前まで冷蔵庫で冷やす。

仕込み

3　豚ひき肉・塩・砂糖をボウルに入れ、別のボウルや鍋に入れた氷水（分量外）でボウルの底を冷やしながら、軽くこねるⓐ。

4　3に玉ねぎとにんにくのすりおろし・氷水・お好みのハーブやスパイスを加えて白っぽくなるまでこねる。白くなったら、ラップをかけて冷蔵庫に入れて冷やすⓑ。

羊腸の準備

5　保存袋の角をタピオカ用ストローのサイズに切ってストローを先端から出し、羊腸を入れる分のストローの長さを残して切る。保存袋とストローをビニールテープで固定するⓒ。
　→ 羊腸2mの場合、ストローは5～7㎝くらい残すとちょうどいい。

6 ストローの先端に羊腸の口を広げてかぶせたら、たぐり寄せるようにストローに通す。羊腸をすべてストローにかぶせたら、あまったストローは切り落とす⓪⓮⓯。

→ 羊腸によっては破れやすいので、丁寧に。ストローに通す前に、一度羊腸の中に少量の水を通すとやりやすい。

詰める

7 5の袋に4のタネを3〜4回に分けて入れ、やさしく押し出してストローの穴にタネを詰める。ストローの先端からタネが顔を出したら羊腸の先端を固結びする⓰⓱。

8 袋を押して、空気が入らないように気をつけながらすべてのタネを羊腸へ押し出していく⓲。

→ 均等な力で押し出せると後がラクですが、この段階では隙間があったり、ふにゃふにゃになっても大丈夫。後の工程で修正できます。

9 タネをすべて詰めたら、羊腸の固結びしている方へグイグイ寄せて厚みを均等に整える。すべて寄せたら結んでない方の羊腸も固結びにして、あまった羊腸は切る。

→ タネを寄せるとき、パンパンになりすぎるのはNG。

10 1つ1つのソーセージが好みのサイズになるように羊腸ごとくるくるとねじる。難しい場合はタコ糸で結ぶ⓳。

11 風通しのよい場所につるして1時間ほど、サーキュレーターなどを使い風にあてて乾燥させる⓴。

→ 乾燥はさせなくてもOK。乾燥させることでパリッとした仕上がりに。肉が傷まないように涼しい場所で（とくに、冬以外はエアコンでしっかり部屋を冷やす）。

12 20分弱火で蒸したら、ねじった部分をハサミなどで切り分ける。フライパンで軽く炒め、焼き目をつける。

保存

冷蔵 … 1週間
・蒸した後の状態でぴったりとラップで包んで保存。
・食べるときに、フライパンで焼く。

冷凍 … 3週間
・蒸した後の状態で1本ずつ、空気が入らないようにラップでぴったり包み、密閉保存袋に入れて保存。
・食べるときは冷蔵庫に入れて解凍し、加熱する。

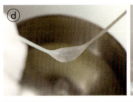

ソーセージQ&A

Q 「羊腸」はどこで買えばいいですか?

A ネットショップで「羊腸」「ソーセージ用　腸」などで検索して、購入することができます。

Q つるして乾燥させる以外に方法はありますか?

A ・網の上において、サーキュレーターで風を当てる。
・バットに入れて、ラップをせずに冷蔵庫に入れて一晩おく（ただし、冷蔵庫内ににおいが充満します）。
この2つの方法で乾燥させることもできます。
冷蔵庫におく場合は、庫内のにおいがすごくなることは覚悟して……（あまりおすすめはしません）。

Q タネを羊腸に詰めるとき、氷水を入れるのはなぜですか?

A タネが冷たい状態をキープするためです。脂が溶け出してしまうと、ボソボソとしたソーセージになってしまいます。

Q タネを詰めている途中で羊腸に穴があいていることに気がついたら、どうすればいいですか?

A 穴があいていることに気がついたり、途中で穴があいてしまったら、穴の前後をタコ糸で結んでください。穴のあいている部分をよけてタネを詰めていけばOK。

ARRANGE

ホットドッグ

手作りのソーセージを使うといつものホットドッグも特別に。
お子さんとのランチやピクニックにもおすすめです。

材料(2人分)
パン … 4個
ソーセージ(p.30) … 4本
キャベツ … 1/4個
塩 … 小さじ2/3
酢 … 小さじ2
はちみつ … 小さじ1
油 … 適量

作り方

1 キャベツを千切りにし、塩を振り1時間おく。

2 キャベツから出た水分を捨て、酢・はちみつを和える。

3 フライパンに油を熱し、ソーセージを軽く炒めて焼き目をつける。

4 パンに2と3を挟み、お好みでケチャップやマヨネーズ、マスタードをかける。

ジャーマンポテト

炒めるだけでボリュームアップしたおかずに。
じゃがいもに米粉をまぶして焼くとカリッと仕上がります。

材料(2人分)

じゃがいも … 350g
米粉 … 大さじ4
ソーセージ（p.30）… 12本
油 … 大さじ2
A ┌ マヨネーズ（p.82）
 │   … 大さじ3
 │ 醤油 … 小さじ1
 │ マスタード … 小さじ2
 │ にんにくパウダー（p.90）
 └   … 小さじ2

作り方

1 じゃがいもは6等分のくし切りにし、水にさらし、水気をキッチンペーパーで拭き取ったら米粉をまぶす。ソーセージは半分に切る。

2 フライパンに油とじゃがいもを入れ、弱火で加熱する。じゃがいもに爪楊枝がすっと通るくらいまで加熱したら、ソーセージを入れ、焼き目をつける。

3 混ぜ合わせたAを加えて、サッと炒める。

豆腐

できたての豆腐は、あたたかくてやさしい味わい。
市販品よりもやわらかいざる豆腐に仕上がります。作るときにできるおからも、アレンジレシピで使い方を紹介しているのでぜひ使ってみてください。

材料
大豆（乾燥）… 200g
水 … 800㎖

調味料
にがり … 小さじ1

作り方

> 大豆を水に漬ける

1　大豆をたっぷりの水（分量外）に一晩浸ける。

> 豆乳を作る

2　浸けておいた水は捨て、水を吸ってふくらんだ大豆と水をブレンダーにかけてなめらかにする。鍋に入れて火にかけ、沸騰したら弱火にして約10分混ぜながら加熱する。

　→ ふきこぼれやすいため、大きめの鍋で火加減を調整しながら加熱を。

3　別の鍋にざるを重ねてさらしを敷き、2を流し入れて、すぐに絞って豆乳とおからに分けるⓐⓑ。

　→ 熱いのでゴム手袋をして火傷に気をつける。

> 固める

4　豆乳を鍋に入れて弱火にかけ、70℃くらいで火を止める。にがりをへらにつたわせながら少しずつ加え、やさしく混ぜる。全体ににがりが混ざったら、ふたをして10分おく。

　→ 豆乳を火にかけているときは、焦げないようにやさしく混ぜて。

保存

冷蔵 … 2〜3日
食べる分ごとに分け、保存容器に入れて密閉して冷蔵庫へ。

冷凍 … NG
水分が多いため、冷凍すると分離してしまいます。

豆腐 Q＆A

Q おからはどうしたらいいですか？

A 定番の卯の花にしたり、お好み焼きに入れたり、
おからサラダにするのがおすすめ。
おからを使ったお好み焼きレシピは次のページで紹介しています。

Q にがりはどこで買えますか？

A スーパーの豆腐売り場や、塩売り場に置いてあることが多いです。
ネットで購入することもできますよ。

Q 大豆は一晩水に浸けるとどのくらいふくらみますか？

A おおよそ、2〜3倍にふくらみます。
大きくふくらむので、水に浸けるための容器は大きめのボウルや鍋を使い、
水も乾燥大豆の約3倍量を目安にたっぷりと入れておいてください。

（写真左：吸水前の乾燥大豆、写真右：一晩浸けて吸水した大豆）

ARRANGE

おからお好み焼き

手作りした豆腐だけでなく、おからも使って作ります。
ヘルシーなのにボリュームたっぷりに仕上がりますよ。

材料(2人分)
キャベツ … 90g
豚肉 … 50g
おから(p.36) … 80g
豆腐(p.36) … 80g
薄力粉 … 120g
卵 … 2個
白だし(p.80) … 30ml
水 … 50ml
桜えび … 5g
油 … 適量

作り方

1 キャベツは細切りに、豚肉は食べやすい大きさに切る。

2 ボウルに卵を割り入れて溶き、キャベツ、おから、豆腐、薄力粉を加え、ダマが残らないようによく混ぜる。白だし、水、桜えびを加えてさらに混ぜる。

3 フライパンに油を熱し、2を流し入れ丸く形を整え、豚肉をのせて焼く。

4 生地が返せるくらいに固まってきたら、ひっくり返してふたをし、弱火で約5分焼く。

5 皿に盛りつけ、お好みでソースとマヨネーズをかけて青のりをふる。

ARRANGE

豆腐チゲ

定番の材料で作る豆腐チゲも、
手作りの豆腐なら最高の味わいに。
第2章、第3章で紹介しているレシピも
活用できます。

材料(2人分)
豆腐(p.36)…200g
ごま油…大さじ2
豚バラ肉…100g
玉ねぎ…1/2個
にら…3本
白菜キムチ(p.106)…100g
A ┃ 水…400mℓ
　┃ 酒…大さじ1
　┃ 鶏ガラスープのもと(p.70)
　┃ 　…大さじ1
　┃ 醤油…大さじ1
　┃ コチュジャン(p.84)
　┃ 　…大さじ2
　┗ みりん…大さじ1

作り方

1 玉ねぎはくし切りに、豚肉とにらは5cm長さに切る。

2 鍋にごま油を熱し、豚肉と玉ねぎを炒め、混ぜ合わせたAを加える。

3 ひと煮立ちしたら豆腐とキムチ、にらを入れてふたをし、3分加熱する。

クリームチーズ

「買うもの」と思われがちなクリームチーズですが、
実は思っているよりもかんたんに手作りすることができます。
自分で作るからこそ、濃厚でなめらかな仕上がりに。
コツは酢を入れたら、やさしくゆっくり混ぜること。

材料
牛乳 … 500㎖
生クリーム … 100㎖

調味料
酢 … 大さじ2
　　（レモン汁でもOK）
塩 … ふたつまみ

道具
さらし

作り方

1　牛乳と生クリームを鍋に入れて弱火にかけ、フツフツとしてきたら火を止める。

2　1に酢を入れ、ゆっくり混ぜる。分離し始めたら混ぜるのをやめて5分おくⓐ。

3　ボウルにざるを重ねてさらしを敷き、2を入れて濾す。そのときに出た水分（ホエー）は取っておくⓑ。

4　3をボウルへ移して塩を加え、ヘラで好みのなめらかさになるまで混ぜる。なめらかさ、やわらかさが足りないと思ったら、3で出たホエーを少量ずつ追加しながら混ぜる。

保存

冷蔵 … 翌日
保存容器に入れて冷蔵庫へ。

冷凍 … 3週間
保存容器（保存袋）に入れて、冷凍庫へ。食べるときは加熱調理の材料に。

クリームチーズＱ＆Ａ

Q 植物性の生クリームでも作ることができますか？

A できますが、動物性の生クリームで作った方がおいしく仕上がります。

Q どのくらいの量のクリームチーズが作れますか？

A レシピ通りに作ると、150〜200gのクリームチーズになります。ホエーを加える量で、仕上がりの量は少し変わります。

Q 生クリームなしで作ってもいいですか？

A 牛乳だけで作ってもOK。生クリームを入れずに牛乳だけで作ると、仕上がりがさっぱりめになります。濃厚さを求めるなら、ぜひ生クリームを入れて作ってみてください。

Q あまったホエーはなにかに使えますか？

A 肉を漬け込むと肉がやわらかくなります。ほかには、パンケーキやシチューの水分として入れたり、水キムチの水分に使用したりするのもおすすめ。

ARRANGE

春巻き

中華の定番春巻きをクリームチーズでちょっと洋風に。
大人用にはコチュジャン、お子さんや辛味が苦手な方には
ケチャップで味つけを。

材料(4本分)
春巻きの皮 … 4枚
クリームチーズ(p.42) … 50g
ゆでえび … 50g
コチュジャン(p.84)
　… 小さじ1
ケチャップ(p.83)
　… 小さじ1
水溶き小麦粉 … 適量
揚げ油 … 適量

作り方

1　春巻きの皮を角が正面にくるようにおき、手前にクリームチーズとえびを1/4量ずつおく。2本はコチュジャン1/2量、もう2本はケチャップ1/2量をのせる。

2　手前と両端をたたみ手前から奥に向かって巻く。巻き終わりに水溶き小麦粉を塗って閉じ、巻き終わりを下にしておいておく。

3　低温(160～170℃)に熱した油できつね色になるまで揚げる。

ARRANGE

バスクチーズケーキ

手作りクリームチーズで作る
チーズケーキはまるでお店みたいな絶品スイーツに。
このためにクリームチーズを作っていると言っても過言ではありません。
クッキングシートは一度くしゃくしゃに丸めてから型に敷いてください。

材料（直径12cm丸型 1台分）
クリームチーズ（p.42）… 180g
溶き卵 … 1個分
グラニュー糖 … 40g
薄力粉 … 大さじ1
生クリーム … 100㎖

道具
直径12cm丸型
クッキングシート

作り方

1 クリームチーズに溶き卵を2、3回に分けて加えながら、ゴムベラでなめらかになるまで混ぜる。

2 グラニュー糖を加えて、さらに混ぜる。

3 薄力粉を加えてさらに混ぜる。

4 全体の粉気がなくなったら、生クリームを入れて全体が均一になるまでよく混ぜる。

5 一度丸めたクッキングシートを敷いた型に流し入れ、予熱した210℃のオーブンで約40分、焦げ目がしっかりつくまで焼く。

6 型から外さずにそのままさます。粗熱が取れたら、型から外して冷蔵庫で冷やす。

クリームチーズ

アレンジレシピ

47

コンビーフ

そのままお酒のおつまみにもなるコンビーフです。
市販品から作り方を想像するのは難しいかもしれませんが、作ってみると実はかんたん。
セロリの葉と玉ねぎを一緒にゆでると肉の臭み対策だけでなく、
旨味や甘み、香りづけにも。

材料

牛ももブロック肉 … 200g
セロリの葉 … 1本分
玉ねぎ … 1/2個

調味料

砂糖 … 小さじ1/2
塩 … 小さじ1
オールスパイス … 小さじ1

作り方

> 下味をつける

1 牛肉に砂糖、塩、オールスパイスをもみ込み、冷蔵庫で一晩おく。

> 仕上げ

2 1を冷蔵庫から取り出して常温に戻す。玉ねぎ、セロリの葉をざく切りにする。

3 鍋にたっぷりの湯（分量外）を沸かし、2の牛肉、玉ねぎ、セロリの葉を入れてゆでる。湯が再び沸騰したら弱火にして2時間ゆでる。途中、湯が少なくなってきたら別の鍋などで沸かし、沸騰させてから足す。

4 2時間ゆでたら、牛もも肉を取り出しフォークでほぐす ⓐ。ゆで汁は捨てずに取っておく。

5 小鍋に4と残っているゆで汁を入れて約1分煮詰める。

保存

冷蔵 … 4〜5日
保存容器に入れて密閉して冷蔵庫へ。

冷凍 … 3週間
使いやすい分を小分けにしてラップに包み、密閉保存袋に入れて冷凍庫へ。

ARRANGE

コンビーフユッケ

そのままでもおつまみになりますが、
ユッケにするとさらにお酒が進みます。
ご飯にのせて丼にしてもおいしいですよ。

材料(2人分)
コンビーフ(p.48) … 100g
ごま油 … 大さじ1
にんにく醤油(p.90)
　　… 小さじ1
卵黄 … 1個
いりごま … 適量

作り方

1　ボウルにコンビーフ、ごま油、にんにく醤油を入れてよく混ぜる。

2　器に1を盛りつけ、卵黄をのせていりごまをふる。

コンビーフチャーハン

コンビーフの旨味が口の中にじんわり広がるチャーハンは休日のランチにもぴったり。

材料(2人分)
ご飯 … 300g
コンビーフ (p.48) … 50g
玉ねぎ … 1/4個
卵 … 1個
にんにくごま油 (p.90)
　… 大さじ2
醤油 … 小さじ1/2
塩・こしょう … 少々

作り方

1. ボウルに卵を溶きほぐしてご飯を加え、よく混ぜる。
2. 玉ねぎをみじん切りにする。
3. フライパンににんにくごま油を弱火で熱し、玉ねぎを炒める。
4. 玉ねぎに火が通ったら、コンビーフと1を加えて炒める。
5. 醤油、塩・こしょうで味を整える。器に盛り、お好みで青ねぎを散らす。

プルドポーク

プルドポークとはアメリカなどで食べられている豚肉料理で、味つけした豚肉をじっくり低温で時間をかけて調理します。今回は、炊飯器を使って手軽に作る塩味のプルドポークに挑戦。

材料

豚肩ロースブロック肉 … 300g
りんご … 1個
長ねぎの青い部分 … 1本分
にんにく … 2かけ
しょうが … 1かけ

調味料

ビール … 150㎖
酒 … 150㎖
塩 … 大さじ4
みりん … 大さじ2
砂糖 … 大さじ2
コンソメ（p.68）… 大さじ2
水 … 500㎖

道具
炊飯器

作り方

1 にんにくは半分に切る。しょうがは皮つきのまま厚めにスライスする。りんごは適当な大きさに切る。

2 材料と調味料をすべて炊飯器の内釜に入れて普通モードで炊くⓐ。

3 炊けたら1時間保温する。

4 豚肉を取り出し、フォークで食べやすい大きさにさきながらほぐすⓑ。

→ 味が足りなければ、炊飯器に残った水分を少し加えてなじませる。

保存

冷蔵 … 4日
保存容器に入れて冷蔵庫へ。

冷凍 … 3週間
使いやすい分を小分けにしてラップに包み、密閉保存袋に入れて冷凍庫へ。

ARRANGE

焼肉のたれ

プルドポークを作るときのりんごを有効活用したくて生まれたレシピ。
そのまま食べるには少ししょっぱいし、でも捨てるのはもったいない。
焼いた肉にたっぷりからめたり、肉を炒めるときに入れたりと大活躍です。

材料
プルドポークで使ったりんご
　… 全量
玉ねぎ … 1個
にんにく … 1かけ
しょうが … 小さじ1
A ┌ 醤油 … 50㎖
　├ 酒 … 50㎖
　├ みりん … 20㎖
　└ 粉唐辛子 … 小さじ1
B ┌ はちみつ … 大さじ1
　├ ごま油 … 大さじ1
　└ いりごま … 小さじ2

作り方

1　りんご、玉ねぎ、にんにく、しょうがをブレンダーにかける。

2　1とAを鍋に入れ弱火で煮詰める。

3　水分がなくなってきたら火を止め、Bを加えて混ぜる。

キューバサンド

プルドポークはそのまま食べてもやわらかくておいしいですが、サンドイッチの具材にもぴったり。フライパンに押しつけながらカリッと焼くキューバサンド風で召し上がれ。

材料

フランスパン … 15cm
プルドポーク (p.53) … 20g
らっきょう甘酢漬け (p.115)
　… 1個
スライスチーズ … 1枚
マスタード … 小さじ2
バター (p.100) … 20g

作り方

1　らっきょう甘酢漬けをみじん切りにする。

2　フランスパンをスライスして開き、内側にバター半量とマスタードを塗る。チーズ、らっきょう、プルドポークの順にのせて挟む。

3　フライパンに残りのバターを熱し、パンを皿などで押しつけながら両面こんがりと焼く。

コラム

我が家の梅仕事

私が子どもの頃、母は働いていてすべてが手作りという食卓ではありませんでした。
ですが、毎年初夏になると梅干しだけは必ず仕込んでいたことを今も覚えています。
時が経ち、母になった私もまた、梅が出回る季節になると
梅仕事をするようになりました。

母が作る梅干しは、昔ながらの酸っぱくてしょっぱい梅干し。
私が作る梅干しは、塩分濃度の低い保存袋で作る簡単梅干し。

時代が変わり、ライフスタイルが多様化した現代だからこそ、
昔ながらの作り方を少し手軽にアレンジしました。

母の教えを受け継ぎつつ、私なりのアレンジを加える。
それが代々続く「濱村家の梅干し」です。

さて我が子は将来どんな梅干しを作るのか……、今から楽しみです。

カリカリ梅

カリカリ梅

カリカリにするコツは、
新鮮で硬い青梅を使うこと。
カビの原因になるので、卵の薄皮は
必ず取り除いてくださいね。

材料
青梅 … 1kg
粗塩 … 80〜100g
卵の殻 … 3個分

保存
冷蔵 … 半年〜1年
卵の殻を取り除き、白梅酢になるべく
浸かる状態にして冷蔵庫へ。

作り方

1 青梅をたっぷりの水に2時間以上浸けてアク抜きし、ざるに上げて水気を拭き取る。ヘタは爪楊枝で取る。

2 梅と塩を密閉保存袋に入れる。袋の上からもみ込み、梅を転がすようにして全体をなじませる。

3 卵を割り、殻の内側にある薄皮をはがす。沸騰させた湯で殻をゆでて消毒し、水気を取り乾燥させる。
　→ 卵の殻のカルシウムが、梅の実がやわらかくなるのを止めてくれる。にがり（このレシピなら大さじ4）を代用として使ってもOK。

4 乾いた殻をだしパックに入れてから2に加え、袋の上から重石をのせて4、5日おく。
　→ たまに様子を見て上下を反対にし、上がってきた水分（白梅酢）を全体になじませる。

コラム

梅シロップ

じっくり瓶で作る梅シロップもいいですが、
炊飯器を使えば、青梅なら2日、完熟した梅なら1日で完成します。
これなら、仕込んだ翌日には梅ジュースが楽しめますね。

材料

梅 … 500g〜1kg
お好みの砂糖 … 梅の重さと同量
　（濱村家ではいつも氷砂糖と
　　てんさい糖を半分ずつ使います）
＊完熟梅で作る場合、
　砂糖の量は梅の重さの60％

作り方

1 梅はサッと洗ったらたっぷりの水（分量外）に2〜3時間さらしてアク抜きをする。水気を拭き取り、ヘタを取る。
（完熟梅の場合）アク抜き不要。

2 爪楊枝で梅を数か所刺して穴を開け、一晩冷凍する。
（完熟梅の場合）冷凍不要。そのまま炊飯器へ。

3 炊飯器の内釜に凍ったままの2を入れ、梅全体にかぶせるように砂糖を加える。

4 炊飯器のふたを閉めて、保温で8時間〜12時間おく。
　→ 最短8時間で砂糖が溶けていたら飲めるように。長く保温するほど梅のエキスが出てきて酸味も加わる。梅の実もすぐに食べられる。
　（完熟梅の場合）5時間〜12時間保温する。

保存

冷蔵 … 2〜3か月
梅の実を取り出して冷蔵庫へ。

梅シロップ

しそジュース

梅と同じ時期に出回るしそで、
しそジュースを作るまでが我が家の梅仕事。
炭酸で割る前のシロップ状態なら、結構長持ちしますよ。

材料
しその葉 … 300g
水 … 2ℓ
お好みの砂糖 … 300g
りんご酢 … 150mℓ

作り方

1　しその葉を茎から切り、水で洗ってざ
　るにあげる。

2　2ℓの水を鍋で沸騰させたら、しそを
　加えて15分煮出して火を止める。

3　砂糖を加えて混ぜる。溶けたら、りん
　ご酢を加える。
　──→ 酢を加えると色が鮮やかに変わる。りんご酢
　　　は一般的な穀物酢、レモン汁などで代用して
　　　もOK。

4　ざるで濾してさます。飲むときに炭酸
　水や湯、牛乳などで割る。

残ったしその葉はふりかけに

しそジュースを煮出した後のしその
葉130gの水分を絞り、塩20g（しそ
の15%）を混ぜてもむ。出てきた水
分は捨て、保存袋に酢（あれば梅
酢）50mℓとともに入れて冷蔵庫で
一晩おく。水分を絞り、ざるなどに
並べて天日干しにして乾燥させる。
カラカラに乾燥したら、ミルサーな
どで撹拌して細かくし、お好みで塩
を混ぜる。

保存
冷蔵 … 6か月

材料が全部わかるって安心。

第2章

自家製で作る
調味料・たれ・ソース・もと

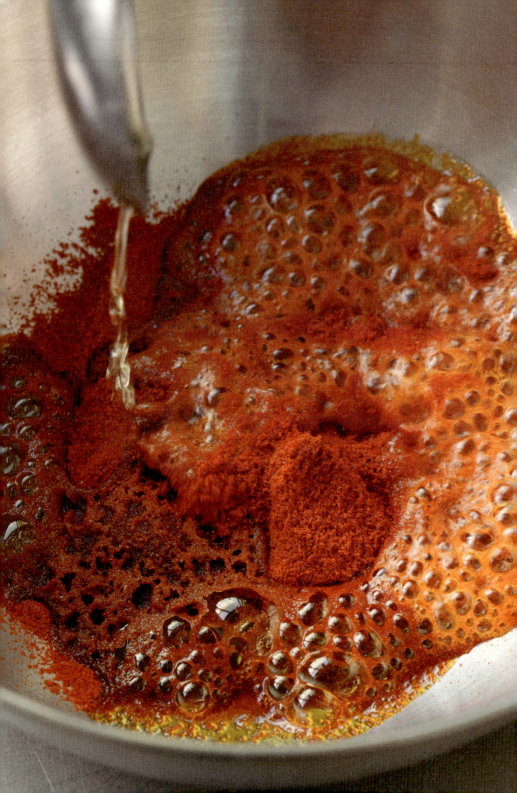

みなさんが当たり前のように買っている調味料。
これも実は、手作りできるものがほとんど。

たとえば、カレールウやコンソメに何が入っていて
どのようにできているか知っていますか？
調味料を手作りすると、入っている食材や
作られる工程を知ることもできます。

何が入っているかわかるということは、安心につながるだけでなく
「甘みはりんごとはちみつが作っていたんだ」
「いつも感じていたうまみは鶏肉のおかげだったんだ」
とさまざまな気づきを私たちに与えてくれます。

こういった気づきは手作りの魅力「アレンジ」にも繋がります。
市販品に「これ、もう少し甘さを控えたいな」
「もう少し辛いのが好みだな」
と思ったら好みに合わせて作ればいいんです。

あなただけの世界に一つだけの自家製調味料を
ぜひ作ってみてください。
毎日の料理できっと活躍してくれるはずです。

クリームシチューのもと

市販品を買わなくても、家にある材料だけで
すぐに作れる「クリームシチュー」のもと。生クリームを入れると
濃厚に仕上がりますが入れなくても十分おいしく作れます。

クリームシチューのもと

材料（4皿分）
バター（p.100）… 40g
薄力粉（米粉）… 40g
牛乳（豆乳）… 300mℓ
生クリーム（あれば）… 50mℓ
コンソメ（p.68）… 小さじ1

作り方

1. 鍋（または深めのフライパン）にバターを弱火で熱し、薄力粉を3回に分けて入れる。そのつど粉気がなくなるまで混ぜる ⓐ。
   → 薄力粉は同量の米粉でもOK。ダマにならないように気をつけて。

2. 火を止め、牛乳を入れてなめらかになるまで混ぜる。

3. コンソメと生クリームを入れ、全体が均一にもったりとするまで混ぜる。

使い方
4皿分なら、お好みの具材を油でサッと炒めて塩・こしょうをし、水400〜500mℓで具材がやわらかくなるまで煮込みます。クリームシチューのもと全量を入れて溶かし、最後に塩・こしょうで味を整えたら完成。

保存

冷凍 … 1か月
さめたら保存容器に入れて保存。密閉保存袋に入れて薄く平らにして、1食分ずつ筋を入れておくと便利。

カレールウ

コクのあるおいしいルウにするポイントは、「牛脂」を入れること。
玉ねぎはみじん切りにして冷凍しておくと、
炒める時間を短縮できます。

材料（10皿分）

A ┌ 玉ねぎ … 1個（300g）
　├ りんご … 1/2個（150g）
　├ バナナ … 1本（80g）
　├ にんにく … 1かけ
　└ しょうが … 1かけ

油 … 大さじ1
米粉（薄力粉）… 100g
バター（p.100）… 100g
カレー粉 … 50g

B ┌ ケチャップ（p.83）
　│　　… 大さじ2
　├ ウスターソース（p.76）
　│　　… 大さじ2
　├ コンソメ（p.68）… 小さじ1
　├ 塩 … 小さじ2
　└ 牛脂 … 30g

作り方

1 Aをすべてみじん切りにし、フライパンで茶色になるまで油で炒めて取り出す。
　→ りんごがない場合は、かわりにはちみつ大さじ1を入れて。

2 フライパンをきれいにしてバターを熱し、米粉を3回に分けて入れる。そのつど混ぜてなめらかな茶色の液体状になったら ⓐ 火を止め、カレー粉を加えて混ぜる。
　→ 薄力粉を使う場合は、ダマにならないようによく混ぜる。甘口にしたいならカレー粉を20gに、辛さなしにしたい場合は辛味のないカレー粉を使えばOK。

3 2に1とBを加えて弱火にかけ、全体がなじむまで混ぜ合わせる。
　→ 焦がさないように気をつけて。

保存

冷凍 … 1か月
さめたら保存容器に入れて保存。密閉保存袋に入れて薄く平らにして、1食分ずつ筋を入れておくと便利。

使い方

5皿分なら、お好みの具材を油でサッと炒めて塩・こしょうをし、水500〜600mlで具材がやわらかくなるまで煮込みます。カレールウ半量（5皿分）を入れて溶かしたら完成。

コンソメのもと

普段の料理でよく登場する顆粒コンソメ、家で作れます。フライパンで水分をじっくり飛ばすのがポイント。

材料
鶏むね肉 … 300g
ベーコン（p.16）… 60g
　（スライスなら約3枚）
A ┌ セロリ … 1本
　├ じゃがいも … 1個
　├ 玉ねぎ … 1個
　├ にんじん … 1本
　├ しいたけ … 2個
　└ にんにく … 1かけ
酒 … 大さじ1
塩 … 50g
ブラックペッパー … 小さじ1

作り方

1. 鶏肉、ベーコン、Aを適当な大きさに切る。

2. 酒、1の鶏肉、ベーコンをミキサーにかけてペースト状にする。そこにAを加えて全体がペースト状になるまでさらにミキサーにかける。
　→ ミキサーに入りきらない場合は、半量ずつでこの工程を繰り返す。

3. 2をすべてフライパンに入れて弱火〜中火にかけるⓐ。塩とブラックペッパーを加え、全体を混ぜながら粒状にまとまるくらいまで水分を飛ばすⓑ。
　→ 粒が大きくなりすぎないようにほぐしながら炒めて。

4. 天板にクッキングシートを敷き、3を広げて120℃のオーブンでカラカラになるまで約50分焼くⓒ。
　→ 焦げないよう、様子を見ながらたまにオーブンから取り出して混ぜる。

5. さめたら、粉末になるまでミキサーにかける。

保存
冷蔵 … 2週間
冷凍 … 2か月
さめたら密閉保存容器に入れて保存。

コンソメのもと Q&A

Q 鶏肉はもも肉でもいいですか？

A もも肉でもOKです。ミキサーの刃にからまることがあるので、皮や筋は取り除いて使用してください。

Q ベーコンの代用はありますか？

A 2種類のお肉を入れると旨味が深くなるので、豚肉を同量入れてみてください。例えばもも肉、ひき肉、バラ肉、ロースなどがおすすめです。

Q きれいに水に溶けますか？

A きれいには溶けません。粒の食感は残ります。

使い方
パスタ、ポトフ、シチュー、スープ、炒めものなどに。ミネストローネなどのスープなら、水200㎖あたり大さじ1/2を目安に入れて、塩・こしょうで味を調整するのがおすすめ。

鶏ガラスープのもと

鶏ガラスープのもともコンソメと同じ方法で作ることができます。中華系の料理を作るときにサッと入れると味わいが深まりますよ。

材料
鶏むね肉 … 300g
A
- セロリ … 1本
- 長ねぎ … 1本
- 玉ねぎ … 1/2個
- にんにく … 10g
- しょうが … 10g
- 干ししいたけ … 1個

酒 … 大さじ1
塩 … 50g

作り方

1 鶏肉、Aを適当な大きさに切る。

2 酒、1の鶏肉をミキサーにかけてペースト状にする。そこにAを加えて全体がペースト状になるまでさらにミキサーにかける。
→ ミキサーに入りきらない場合は、この工程を半量ずつで繰り返す。

3 2をすべてフライパンに入れて弱火～中火にかける ⓐ。塩を加え、全体を混ぜながら粒状にまとまるくらいまで水分を飛ばす ⓑ。
→ 粒が大きくなりすぎないようにほぐしながら炒めて。

4 天板にクッキングシートを敷き、3を広げて120℃のオーブンでカラカラになるまで約50分焼く ⓒ。
→ 焦げないよう、様子を見ながらたまにオーブンから取り出して混ぜる。

5 さめたら、粉末になるまでミキサーにかける。

保存
冷蔵 … 2週間
冷凍 … 2か月
さめたら密閉保存容器に入れて保存。

鶏ガラスープのもと Q&A

Q 鶏肉はもも肉でもいいですか？

A もも肉でもOKです。ミキサーの刃にからまることがあるので、皮や筋は取り除いて使用してください。

Q 干ししいたけは水で戻しますか？

A 戻さずに乾燥のまま使います。

Q セロリを入れない場合はどうしたらいいですか？

A 香味野菜（長ねぎ・玉ねぎ）の分量を増やして作ってみてください。

使い方
チャーハン、塩焼きそば、炒めもの、唐揚げの下味などに。1食分あたり大さじ1を目安に入れて、塩・こしょうで味を整えましょう。

和風だしのもと

そのままご飯にかけても
おいしい和風だし。昆布は硬いので
粉末にするのに少し時間がかかります。
ミルサーがあると
簡単に粉末にできて便利です。

材料
いりこ … 20g
かつお節 … 20g
昆布 … 10g

作り方

1. いりこの頭と腹ワタを取り、フードプロセッサーにかける。
2. 小さく切った昆布とかつお節もそれぞれフードプロセッサーにかける。
   → 昆布は硬いので時間がかかります。フライパンで少し炒ってからフードプロセッサーにかけると時短に。
3. 1と2をボウルで混ぜる。

使い方
みそ汁、鍋、煮物などでだし汁を作りたいときにだしパックにして入れたり、和風チャーハンを作るときはそのまま振りかけたりして使いましょう。

保存
冷蔵 … 1か月
冷凍 … 3か月
密閉保存容器に入れて保存。
だしパックに10gずつ小分けにしておくと使いやすい。

和風だしのもとQ＆A

Q 水1ℓに対してどのくらいの量を入れたらいいですか？

A 小分けにしただしパック1つ（10g）を使いましょう。

Q ミキサーでも作れますか？

A いりことかつお節だけなら作れます。昆布なしでも十分おいしいです。

浅漬けのもと

浅漬けのレシピはたくさんありますが、
混ぜるだけでいい「もと」って見当たらないなと思い、作ってみました。
いろいろな野菜に使えてすごく便利です。

材料
塩 … 50g
砂糖 … 50g
昆布 … 5g
鷹の爪 … 2本

作り方
塩と砂糖を混ぜ、昆布、鷹の爪（種を取る）を細かく切りながら加えて混ぜる。

保存
冷蔵 … 3か月
昆布の賞味期限が短い場合は、昆布の期限に合わせて使い切る。

使い方
お好みの野菜 … 300g
浅漬けのもと … 大さじ1（10g）

お好みの野菜を食べやすい大きさに切って浅漬けのもとをなじませ、ラップをかけて重石をのせる。
きゅうりや白菜なら数時間、根菜系は1日おくとちょうどいい浸かり具合に。

オイスターソース

たっぷりの牡蠣を贅沢に使えるのは、自家製だからこそ。
凝縮された濃厚な旨味が、料理をコク深い味わいにしてくれます。
1回で約300gのソースが完成しますが、おいしすぎてすぐになくなります。

材料
牡蠣 … 200g
玉ねぎ … 1/2個
にんにく … 3かけ
しょうが … 1かけ
A ┌ 酒 … 40㎖
　├ 醤油 … 100㎖
　└ 砂糖 … 50g

保存

冷蔵 … 1週間
冷凍 … 1か月
密閉保存容器に入れて保存。

作り方

1　牡蠣は塩水（分量外）でやさしく2、3回洗い、水気を切る。

2　玉ねぎ、にんにく、しょうがを一口大に切る。

3　鍋に1、2、Aを入れて火にかけ、沸騰したら弱火にして15分煮詰める。

4　3がさめたらブレンダーでなめらかにする。

オイスターソース Q＆A

Q 牡蠣は生食用、加熱用どちらを使えばいいですか？

A どちらでも作れますが、加熱用の牡蠣の方が旨味成分や栄養をたっぷり含んでいるので、より濃厚な仕上がりになります。

使い方
炒めものやスープに。
おすすめはなすの炒めもの。牡蠣の旨味をなすが吸って絶品です。

ウスターソース
中濃ソース

ウスターソースは最後に濾したときに出る水分で、
中濃ソースは残った具材をブレンダーでなめらかにしたもの。
ウスターソースは約300g、中濃ソースは約250gが完成します。

材料

A
- にんじん … 60g
- 玉ねぎ … 60g
- セロリ（葉も入れる）… 1/2本
- りんご … 1/2個
- にんにく … 1かけ
- レーズン … 30g
- 昆布 … 10g

水 … 500㎖
ホールトマト缶 … 1缶（400g）

B
- ナツメグ … 2g
- オールスパイス … 2g
- クローブ … 2g
- シナモン … 1本
- ローリエ … 3枚
- 黒こしょう（ホール）… 2g
- 鷹の爪 … 1本

C
- 醤油 … 120㎖
- 酢 … 150㎖
- 砂糖 … 150g

作り方

1. Aの野菜と果物はすべて一口大を目安に適当な大きさに切り、Bはだしパックなどに入れる。
2. 大きめの鍋にC以外のすべての材料を入れて火にかけ、沸いたら弱火にして1時間煮込む。
3. Cを加えてさらに30分煮込む。
4. ボウルにざるを重ねてさらしを敷き、4を流し込んで濾し、水分と具材に分ける。
5. 水分の方はウスターソース、さらしに残った具材をブレンダーで撹拌して、なめらかにしたら中濃ソースの完成。

ⓐ

保存

冷蔵 … 1週間
冷凍 … 1か月
それぞれ密閉保存容器に入れて保存。

ポン酢

かぼすが安く出回る時期になったら、ぜひ作りたい手作りのポン酢。
秋刀魚の塩焼きやオニオンスライスにかけて召し上がれ。
かぼす以外のお好みの柑橘類でも作れますよ。

材料
かぼす … 5個（果汁100㎖）
醤油 … 150㎖
みりん … 50㎖
かつお節 … 2g
昆布 … 5㎝

保存 ───────────

冷蔵 … 6か月
瓶に入れて密閉して保存。

────────────────

作り方

1 かぼすは果汁を搾り、種などを取り除く。

2 みりんを鍋に入れて火にかけ、煮切りする（アルコールを飛ばす）。

3 保存容器に1、2、醤油を入れて混ぜたら、かつお節、昆布も入れて冷蔵庫で1日置く。昆布とかつお節を取り除く。

ポン酢 Q & A

Q 果汁が足りないときは少なくてもいいですか？

A 果汁に酢を追加して合計で100㎖になるよう調整してください。

白だし

いろいろな料理に活躍する白だしも、比較的かんたんに作れます。
かつお節は絞るとえぐみが出るので、絞らないように注意。

材料
水 … 500㎖
昆布 … 約10cm
かつお節 … 20g
酒 … 100㎖
みりん … 50㎖
塩 … 大さじ1
うすくち醤油 … 大さじ1と1/2

作り方

1 鍋に昆布と水を入れ、1時間おく。火にかけて沸騰直前で昆布を取り出す。

2 かつお節を加え、沸騰したら弱火にして1～2分煮出す。かつお節をざるやさらしで濾す。

3 2と残りの材料を鍋に入れ、加熱してアルコールを飛ばす。

保存

冷蔵 … 3週間
保存容器や瓶に入れて。

冷凍 … 2か月
小分けにして密閉保存容器に入れて。

使い方
茶碗蒸しや玉子焼き、汁もの、漬物などに。
白だし100㎖に対して湯170㎖を足してうどんつゆにしていなり揚げ（p.129）をプラスすれば、きつねうどんに。

めんつゆ

市販品に多い2倍濃縮めんつゆが、材料を煮出すだけでかんたんに作れます。
昆布は入れると風味豊かに仕上がりますが、なくてもOK。

材料
醤油 … 200㎖
みりん … 200㎖
酒 … 50㎖
昆布 … 10㎝
かつお節 … 10g

作り方

1 すべての材料を鍋に入れて火にかける。

2 フツフツとしてきたら弱火で5分煮出し、火を止めてそのままさます。

3 さらしやざるなどで濾す。

保存 ───────

冷蔵 … 3週間
保存容器や瓶に入れて。
冷凍 … 2か月
小分けにして密閉保存容器に入れて。
完全には凍らないので、スプーンなど
ですくって使えます。

使い方
2倍濃縮なので、つけつゆに使うときは同量の水で薄めます。

マヨネーズ

ブレンダーやミキサーがあれば、
混ぜるだけであっという間に完成。
ポイントは油を少しずつ入れること。
一気に入れてしまうと
乳化せず、固まりません。
油をオリーブオイルにしたり、
レモン汁やにんにくパウダー（p.90）を
入れて風味をつけたりしても◯。

材料
卵黄（常温）… 1個
塩 … 小さじ1/2
酢 … 大さじ1
なたね油 … 150㎖

作り方

1 ミキサーやブレンダーで卵黄、塩、酢を混ぜる。

2 油小さじ1を加えて混ぜ、乳化させる。油大さじ1加えてさらに混ぜる。

3 残りの油を少しずつ加えて混ぜ、乳化させる。これを全体がもったりとなるまで繰り返す。

保存

冷蔵 … 2～3日
瓶や密閉保存容器に入れて冷蔵庫へ。

マヨネーズQ&A

Q 残った卵白の使い道を教えてください。

A みそ汁の具にしたり、冷凍してパンケーキやメレンゲに使うのが手軽です。

ケチャップ

しっかり煮詰めることで、トマトの甘みが凝縮した濃厚でおいしいケチャップになります。安くなった傷つきトマトなどを見つけたら、ぜひ作ってみて。
ローリエ以外に、オールスパイスやクミン、シナモンなどを入れても◎。
約350gのケチャップが作れますよ。

材料

- トマト … 2個（350g）
- 玉ねぎ … 1/4個（50g）
- にんにく … 1かけ
- A
  - 砂糖 … 大さじ1と1/2
  - 塩 … 小さじ1/2
  - こしょう … 適量
  - 酢 … 大さじ1
- ローリエ … 1枚

作り方

1. トマトはヘタと反対側に十字の切り込みを入れ、沸かした湯（分量外）に10秒ほど入れてざるにあげる。さめたらトマトの皮をむく。

2. 適当な大きさに切った玉ねぎ、にんにく、1をミキサーにかけてなめらかにし、ざるで濾す。
   → ざるで濾して、トマトの種などを取り除く。

3. 鍋に2とAを入れて熱し、混ぜる。全体が混ざったらローリエを入れて、鍋底が見えるくらいまで煮詰める。

保存
冷蔵 … 1か月
冷凍 … 3か月
密閉保存容器に入れて冷蔵庫（冷凍庫）へ。

ケチャップQ&A

Q　トマトの湯むきが苦手です。皮つきのままではダメですか？

A　トマト缶なら皮がついていないので、同量のトマト缶を使ってみて。

コチュジャン

煮詰めたみそに粉唐辛子を混ぜるだけで完成。
粉唐辛子の量を変えれば、
辛味を調整してお好みの味わいにできます。

材料
みそ … 100g
甘酒 … 100㎖
みりん … 20㎖
醤油 … 10㎖
粉唐辛子 … 30g
はちみつ … 大さじ1

作り方

1 鍋にみそ、甘酒、みりん、醤油を入れて軽く煮詰めて火から下ろす。

2 粉唐辛子を入れて混ぜ、全体がなじんだらはちみつを加えてさらに混ぜる。

保存
冷蔵 … 2か月
冷凍 … 3か月
瓶に入れて冷蔵庫（冷凍庫）へ。

ラー油

簡単なのに本格的。油を唐辛子に入れるとき、
部屋全体に刺激的な香りが広がるのでしっかり換気を。
サラダ油や米油、一味唐辛子を使って作ることもできますよ。

材料
長ねぎ（青い部分）… 2本
にんにく … 1かけ
しょうが … 1かけ
鷹の爪 … 1本
なたね油 … 200㎖
粉唐辛子 … 15g

保存
冷蔵 … 1か月
さめたら、瓶に入れて冷蔵庫へ。

作り方

1 にんにくは半分に切る。しょうがは皮ごとスライスする。

2 鍋（または深めのフライパン）になたね油と長ねぎ、にんにく、しょうが、鷹の爪を入れて加熱する。

3 油がフツフツとしてきたら弱火にし、約10分加熱したら鍋から具材を取り出す。再度油がフツフツとするまで加熱する。

4 ボウルに粉唐辛子を入れ、3を少しずつ加えて混ぜる ⓐ。油を全部加えるまで繰り返す。
　→ 油を一気に入れると粉唐辛子が焦げるので少量ずつ。

豆板醤

そら豆の季節になったら作る、我が家の定番調味料。
よくもんで、しっかりそら豆をつぶすのがポイントです。

材料
そら豆（さやつき）… 400g
赤みそ … 30g
塩麹 … 40g
粉唐辛子 … 30g

作り方

1. そら豆をさやから取り出し、切れ目を入れて蒸し器で約5分蒸す（蒸し器がない場合ゆでてもOK）。
2. そら豆の皮をむき、ポリ袋に入れてもみながらつぶす。
3. 2に赤みそ、塩麹、粉唐辛子を加えて全体が混ざるようにもみ込む。

保存

冷蔵 … 1か月
冷凍 … 3か月
瓶に入れて冷蔵庫（冷凍庫）へ

ARRANGE

棒棒鶏

第2章で作る調味料を活用して作るたれが絶品です。
ピーナッツバターはクリームを混ぜる前の状態のものを使います。
ラー油はお好みでなしにしても。

材料（2人分）

鶏ささみ … 200g
きゅうり … 1本
たれ
　ピーナッツバター（p.98）
　　… 大さじ3
　豆板醤（p.86）… 小さじ1
　しょうがすりおろし
　ごま油ストック（p.94）
　　… 小さじ1
　砂糖 … 大さじ1
　酢 … 大さじ1
　ラー油（p.85）… 少々

作り方

1　ささみはゆでて手でさく。きゅうりは細切りにする。

2　たれの材料を混ぜる。
　→ たれは冷蔵で翌日まで保存できる。

3　1のきゅうりを皿に広げてささみをのせ、2をかける。仕上げにラー油をたらす。

洋風醤油ドレッシング

甘みの強い新玉ねぎで作ると絶品！
新玉ねぎでない場合は、電子レンジで約1分加熱して甘みを引き出して。

材料
新玉ねぎ … 1/4個（約50g）
パプリカ … 1/4個（約20g）
オリーブ … 3個
A ┌ 醤油 … 大さじ4
　├ 酢 … 40㎖
　├ 塩 … 小さじ1
　├ 砂糖 … 大さじ1
　└ 油 … 100㎖

作り方
1 サッとゆでて皮をむいたパプリカと、オリーブをみじん切りにする。
2 玉ねぎはすりおろす。
3 1、2、Aを混ぜる。時間があれば、一晩冷蔵庫においで味をなじませる。

保存
冷蔵 … 3〜4日
瓶などに入れて冷蔵庫へ。

ごまだれ

鍋のたれとして使っても、肉やサラダにかけてもおいしい濃厚な風味。
ドレッシングにするときは、最後にごま油大さじ1を入れても。

材料

A ┃ ねりごま … 50g
 ┃ 醤油 … 大さじ1
 ┃ 砂糖 … 大さじ1
 ┃ 酢 … 小さじ1
湯 … 大さじ2

作り方

1　Aをよく混ぜ合わせる。
2　湯を加えて混ぜて、硬さを調整する。

保存

冷蔵 … 2週間
密閉保存容器や瓶に入れて冷蔵庫へ。

にんにく調味料

にんにくをたくさん手に入れたら作っておきたい調味料たち。
調味料として、いろいろなレシピで活躍してくれます。

にんにく醤油漬け

卵かけご飯にかけるなど、
普通の醤油と同じように使えます。
にんにくはそのまま食べても
いいですが、刻んで料理に使っても
OK。

にんにくオリーブオイル漬け

炒め油に、ドレッシングにと
洋風の料理に使えます。
刻みにんにくごと使っても。

にんにくごま油漬け

中華や和食を作るときの
炒め油として、たれを作るときの
調味料として使えます。もちろん刻
みにんにくも一緒に使えますよ。

にんにくパウダー

にんにくの風味が欲しいときに
プラスしてみて。
唐揚げを漬け込むたれに入れても。

にんにく調味料

にんにく醤油漬け

保存

冷蔵 … 1年

材料
にんにく … お好みの量
醤油 … 適量

道具
ラップ

作り方

1 にんにくの皮と芽を取り除き、瓶に入れる。

2 にんにくが隠れるくらいの醤油を注ぎ、丸めたラップでにんにくが浮かないようにおさえてふたをする。冷蔵庫で2週間以上漬け込んだら、完成。

にんにくオリーブオイル漬け

保存

冷蔵 … 6か月

材料
にんにく … お好みの量
オリーブオイル … 適量

作り方

1 にんにくの皮と芽を取り除き、みじん切りにする。瓶に入れて、お好みの量のオリーブオイルを注ぐ。

にんにくごま油漬け

材料
にんにく … お好みの量
ごま油 … 適量

作り方

1 にんにくの皮と芽を取り除き、みじん切りにする。瓶に入れて、お好みの量のごま油を注ぐ。

保存
冷蔵 … 6か月

にんにくパウダー

材料
にんにく … お好みの量

作り方

1 にんにくの皮と芽を取り除き、薄切りにする。クッキングシートを敷いた天板に並べ、100℃に予熱したオーブンでパキッと折れるまで約40分焼く。ブレンダーやミキサーにかけて粉末にする。

保存
冷凍 … 6か月

しょうがストック

よくレシピに登場する「しょうが1かけ」のために
しょうがを買ってきて使いきれずに腐らせてしまったことはありませんか?
買ってきてすぐに、これらの方法で保存しておけばとても便利です。

すりおろしごま油ストック

1 しょうがはスプーンで皮をむいて適当な大きさに切り、すりおろす(フードプロセッサーで攪拌しても)。瓶などに入れ、浸るくらいのごま油を入れて冷蔵庫へ。

保存

冷蔵 … 2〜3か月

みじん切りごま油ストック

1 しょうがはスプーンで皮をむいてみじん切りにする。瓶などに入れ、浸るくらいのごま油を入れて冷蔵庫へ。

保存

冷蔵 … 2〜3か月

使い方
すりおろしごま油ストックは、から揚げやしょうが焼き、たれなどがおすすめ。
みじん切りごま油ストックは、中華系の麻婆豆腐や八宝菜などの炒めものに使いやすいです。

すりおろしストック

1 しょうがはスプーンで皮をむいて適当な大きさに切ったら、すりおろす（フードプロセッサーで攪拌しても）。密閉保存袋に入れ、空気を抜きながら平らにしたら冷凍庫へ。必要な分をパキッと折って、取り出して使う。

保存
冷凍 … 1〜2か月

みじん切りストック

1 しょうがはスプーンで皮をむいてみじん切りにする。密閉保存袋に入れ、空気を抜きながら平らにしたら冷凍庫へ。凍るとパラパラになるので、必要な分を取り出して使う。

保存
冷凍 … 1〜2か月

スライスストック

1 しょうがはスプーンで皮をむいて薄くスライスし、キッチンペーパーで水気を取る。密閉保存袋の中に並べて冷凍庫へ。1枚ずつ必要な分だけ取り出して使う。

保存
冷凍 … 1〜2か月

白みそ

白みそは塩分濃度が低く、
甘めの風味が口に広がります。
手作りみそというと完成まで
時間がかかるイメージがありますが
このレシピは炊飯器の保温が終われば
すぐに食べられますよ。

材料
乾燥大豆 … 200g
米麹（乾燥）… 500g
塩 … 50g
水 … 200mℓ

保存
冷蔵・冷凍 … 1か月
隙間ができないように密閉保存容器に入れ、冷蔵庫（冷凍庫）へ

作り方

1 大豆をたっぷりの水（分量外）で一晩浸ける。

2 浸けていた水は捨て、鍋にたっぷりの湯（分量外）を沸かして水を吸ってふくらんだ大豆を約1〜2時間ゆでる。指でかんたんにつぶせるくらいのやわらかさになったらざるに上げる。

3 粗熱が取れたら、大豆の皮をある程度取り除き、フードプロセッサーで撹拌して取り出す。

4 フードプロセッサーをきれいにし、米麹と塩を入れて撹拌する。

5 3と4をボウルに入れ、手で混ぜ合わせる。水を加えて、さらによく混ぜる。

6 炊飯器の内釜に5を表面が平らになるように入れ、水で濡らしたさらしをかけて炊飯器のふたを半開きにして8時間保温する。

7 炊飯器の内釜から取り出し、フードプロセッサーで撹拌してなめらかにする。

白みそ Q&A

Q 炊飯器がないので、ヨーグルトメーカーを使いたいです。温度設定はどうしたらよいでしょうか？

A 60℃に設定して作ってみてください。

Q 大豆の水煮を使う場合の分量はどうしたらいいでしょうか？

A 麹と同量の500gの大豆を使って作ってみてください。

Q 大豆の皮は全部しっかりむいた方がいいですか？

A 皮はむかなくても作れますが、取り除いた方が完成したときの舌触りがなめらかでおいしいです。ゆで終わりの時点でほぼはがれている状態なので、できる限り取り除くのがおすすめです。

使い方
西京焼き、炒めもの、みそ漬け、おにぎり、たれ、みそ汁などに使えます。塩味が強くないので、おにぎりに塗るときは、思い切ってたっぷり塗るのがおすすめです。

ピスタチオバター

お好きなナッツをミキサーにかければ、あっという間に濃厚なナッツバターが完成します。

材料
ピスタチオ（素焼き・殻なし）… 100g
はちみつ … 大さじ1/2
塩 … ひとつまみ
植物油 … 大さじ2（米油・なたね油・太白ごま油など）

保存
冷蔵・冷凍 … 1か月
密閉保存容器や瓶に入れて冷蔵庫（冷凍庫）へ。

作り方
1. ピスタチオを耐熱容器に入れてラップをかけ、電子レンジで1分加熱する。
2. 1を約1分ミキサーにかけ、はちみつ、塩、植物油を加える。さらに5分ほどミキサーにかけて、好みの固さになったら完成。
   → はちみつは入れなくてもOK。

ピスタチオバターQ&A

Q 油は必ず必要ですか？

A ピーナッツは油分が多いので入れなくてOKです。アーモンドを使う場合は、ピスタチオと同様に植物油を入れることをおすすめします。

ピーナッツクリーム

ナッツバターに泡立てた
生クリームを加えると、ふわふわ絶品な
ナッツクリームに。
お好みのナッツで作ることが
できるので、いろいろ試してみて。

材料
ピーナッツ（素焼き）… 50g
メープルシロップ … 大さじ1
生クリーム … 100mℓ

保存
冷蔵 … 翌日まで
密閉保存容器に入れて冷蔵庫へ。
冷凍 … 3週間
小分けにして保存容器に入れて冷凍庫
へ。自然解凍して使用可。

作り方

1 ピーナッツをフードプロセッサーで撹拌し、なめらかにする。
  → ピーナッツバターになる。

2 生クリームを泡立て器で7〜8分立てくらいまで泡立てる。

3 1と2の生クリーム、メープルシロップをやさしく混ぜる。

ピーナッツクリームQ&A

Q 生クリームがないときはどうしたらいいですか？

A 生クリームと同量の豆乳とレモン汁少々を泡立てて作った豆乳クリームを使っても。

Q ミキサーでも作れますか？

A ピーナッツはこのレシピのまま作れます。他のナッツの場合は、植物油大さじ1を撹拌時に加えてください。

発酵バター

1回で140gのバターが作れます。
上手に作るコツは炊飯器に皿を入れること。
温度の上がりすぎを防いでくれます。

材料
生クリーム … 200㎖
プレーンヨーグルト … 大さじ1

保存
冷蔵 … 2週間
冷凍 … 1か月
密閉保存容器に入れて、冷蔵庫（冷凍庫）へ。

作り方

1. 耐熱容器に生クリームとヨーグルトを入れて混ぜる。

2. 炊飯器の内釜に約1cm高さの耐熱皿を入れ、水（分量外）を約3cmの高さまで注ぐ。皿の上に1を容器ごと置き、炊飯器を保温にする。ふたを開けた状態で6時間以上おく。

3. プリンほどの硬さになったら内釜から取り出してさまし、一晩冷蔵庫で冷やす。

4. 容器の底を氷水（分量外）に当てて、冷やしながら分離するまでブレンダーなどで混ぜる。

5. 分離したらざるの上にさらしを敷き、容器から取り出して濾す。有塩にしたい場合は、塩小さじ1/2（分量外）を混ぜる。

そのままおいしい
おかずにもなる。

第3章

自家製で作る
いろいろなレシピ

私のレシピの中でも人気なのが、キムチシリーズ。
「りんごアレルギーで市販品が食べられない」
「海外在住でキムチが手に入らない」
そういったお声をもらったことをきっかけに
いろいろなキムチレシピを考え始め、
定番から意外性のあるオリジナルまで
気がつけば何十種類にもなりました。
本書ではその中から一押しの数品を紹介しています。
あなたのお好みのキムチが見つかりますように。

キムチのほかには普段は市販で買ったり、
お店で食べたりすることの多いレシピを。

「あのお店の味、お家で食べたい」
がきっかけでうまれたレシピもあれば
手作りだからこその「できたて」のおいしさを味わえるレシピも。

週末、ちょっと時間があるときの晩ご飯や
お家での晩酌の時間にいかがですか？

キムチのもと

食材と混ぜるだけで、簡単に作れるキムチのもと、「薬念（ヤンニョム）」の作り方。
韓国産の粉唐辛子を使うのが本格的な味わいにするコツ。

材料
りんご … 1/2玉
にんにく … 40g
しょうが … 10g
A ┌ 粉唐辛子 … 40〜50g
　│ 塩 … 20g
　│ 昆布茶 … 大さじ1
　│ すりごま … 大さじ1
　│ 甘酒 … 150㎖
　│ 桜えび … 大さじ1
　└ ナンプラー（あれば）
　　　… 大さじ1

作り方

1　りんご、にんにく、しょうがをすりおろす。桜えびはフードプロセッサーで粉末にする。
　→ りんご、にんにく、しょうがはフードプロセッサーなどでペースト状にしても。

2　ボウルに1とAを入れ、よく混ぜて1時間おく。

保存
冷蔵 … 2週間
冷凍 … 2週間

キムチのもとQ＆A

Q 桜えびの代用品はありますか？

A 桜えびがないときは、ナンプラー大
さじ1を忘れずに入れてください。
イカが大丈夫であればさきイカで代
用できます。

Q 甘酒は麹のものですか？
酒粕の甘酒でも作れますか？

A ストレートタイプの麹の甘酒を使っ
て作るのがおすすめです。

Q りんごの代用品はありますか？

A りんごを使わない場合は、
・甘酒を200㎖に変更
・塩を10gに変更
・はちみつ大さじ2を追加
の調整をして作ってみてください。

Q 甘酒がないときはどうしたらいいで
すか？

A りんごの量を増やしてください。大
きめのりんごなら1/2玉、小さめな
ら1玉くらいをプラスします。

Q ナンプラーの代用品はありますか？

A 風味は異なりますが、白だしでも代
用できます。

Q 日本産の粉唐辛子で作ってもいいで
すか？

A 日本産の粉唐辛子は韓国産と異なり、
甘みが少なく、辛みが強いと言われ
ています。そのため、辛みだけでな
く甘味や旨味もある韓国の粉唐辛子
を本書ではキムチ以外でもおすすめ
します。

本格白菜キムチ

材料(500mlの容器2つ分)
白菜 … 1kg(1/2玉)
小ねぎ … 1/2束
粗塩 … 50g
キムチのもと(p.104) … 全量

作り方

1 白菜はざく切りにして塩を振り、2時間おく。流水でサッと塩を流し、白菜の芯がかんたんに折り曲がる硬さⓐになるまで、ざるやバットに約3時間おいて水気を切る。

→ 白菜は食感が悪くなるので絞らない。

2 小ねぎを10cmの長さに切り、キムチのもとと混ぜる。

3 1の白菜と2を交互に重ね、全体を手でなじませる。保存容器に入れて冷蔵庫で5日間寝かせる。

保存

冷蔵 … 1か月

オイキムチ

材料
きゅうり … 2本
水 … 500㎖
塩 … 大さじ1
にんじん … 20g
にら … 20g
キムチのもと（p.104）… 大さじ4

作り方

1. きゅうりを4等分に切り、縦に切り込みを入れる。鍋に湯を沸かし、塩を溶かしたら熱いうちにきゅうりにかけて上から重石をのせて1時間おく。きゅうりをざるにあげ、水気を切る。
   → きゅうりは湯をかけることで青臭さが抜けて、色も食感もよくなる。

2. にらは4cm長さに切り、にんじんは4cm長さの細切りにする。

3. キムチのもとと2を和え、1のきゅうりの切り込み部分に詰める。汁ごと保存袋に入れ、空気を抜いて冷蔵庫で一晩おく。

保存
冷蔵 … 5日間

大根キムチ

食材は大根だけの、シンプルなキムチ。
サッと仕込めるのでぜひ試してみて。

材料
大根 … 5cm（約200g）
塩 … 小さじ1
砂糖 … 小さじ1
キムチのもと（p.104）
　… 大さじ3〜4

作り方
1 大根は1cmの角切りにして、ポリ袋に塩と砂糖とともに入れて軽くもむ。重石をのせて1時間おく。
2 1の大根を流水でサッと洗い流し、ざるやバットに約1時間おいて水気を切る。
3 別の袋に1とキムチのもとを入れてもみ込み、空気を抜いて冷蔵庫で一晩おく。

保存
冷蔵 … 1週間

牡蠣キムチ

牡蠣は片栗粉をまぶしてからゆでるとぷりっぷりに仕上がります。
生食用の牡蠣を使うなら、牡蠣はゆでずに生のまま和えてもOK。

材料
牡蠣… 8〜10個
片栗粉… 大さじ1
長ねぎ（白い部分）… 2本分
小ねぎ… 3本
キムチのもと（p.104）
　… 大さじ3〜5
ごま油… 大さじ1

作り方

1. 牡蠣は塩小さじ1（分量外）を溶かした塩水でやさしく洗う。これを2、3回くり返したら、キッチンペーパーで軽くおさえて水気を取る。片栗粉をまぶし、沸騰した湯で4〜5分ゆでる。

2. 長ねぎは白髪ねぎにし、水にさらす。小ねぎは長ねぎと同じ長さに切る。

3. キムチのもとにごま油を加えて白髪ねぎを和える。牡蠣と小ねぎを加えて和え、冷蔵庫で1時間おく。

うずらキムチ

材料
うずらの卵 … 20個
にら … 2本
キムチのもと（p.104）… 大さじ3
ごま油 … 大さじ1

作り方

1 鍋にうずらの卵と水を入れて火にかける。沸いたらうずらの卵を転がしながら約3分ゆでて殻をむき、キッチンペーパーで水気を拭き取る。
   → ゆでるときの水の量はうずらの卵が隠れるくらいが目安。

2 にらを粗みじん切りにする。

3 すべての材料をボウルに入れてよく混ぜ、冷蔵庫で30分おく。

保存

冷蔵 … 3日間

梅干しキムチ

材料
梅干し … 15個（約220g）
キムチのもと（p.104）… 大さじ6
ごま油 … 大さじ1
はちみつ … 大さじ1

作り方

1 すべての材料を保存袋に入れ、梅干しがつぶれないようにやさしく混ぜながらもみ込む。冷蔵庫で1日おく。

保存

冷蔵 … 1か月

うずらキムチ／梅干しキムチ／切り干しささみキムチ

切り干しささみキムチ

材料

鶏ささみ… 1本
酒… 小さじ1/2
切り干し大根…10g
キムチのもと（p.104）
　…大さじ4〜5
ごま油… 大さじ1

保存

冷蔵… 2日間

作り方

1　ささみは耐熱容器に入れてフォークで数か所刺して穴をあけ、酒をふる。ラップをかけて電子レンジ（600W）で2分加熱し、そのままさます。

2　切り干し大根は水で戻して水気を切り、長ければ食べやすい長さに切る。

3　ささみを食べやすい大きさにさいてボウルに入れ、2とキムチのもと、ごま油を加えて和える。冷蔵庫で30分おく。

たくあん

しっかり干すことで、皮まで食べられます。
夏の外なら半日程度、冬ならしっかり2日間干しましょう。
室内の涼しい場所で干してもOKですよ。

材料
大根 … 1/2本（約500g）
A ┌ ザラメ … 大さじ4
　├ 塩 … 大さじ2
　└ 酢 … 大さじ2

→ ザラメ以外の砂糖でもOK。ザラメだとゆっくり溶けて味が染み込みやすく、まろやかな仕上がりに。

保存
冷蔵 … 1か月
漬けたときに出た水分は捨て、密閉保存容器で保存。

作り方

1 大根は皮をむかずに、約2cm厚さにスライスする。

2 ざるなどにのせ、半日から2日間天日干しにする ⓐ 。

3 大根をバットなどに移し、Aをすべての大根の表面になじませてラップをかける。ラップの上から重石をのせて冷暗所で1日おく。

→ 袋の塩や砂糖、重い鍋など重さがあるものならなんでもOK。

4 水気を切って食べやすい大きさに切る。

福神漬け

本来の福神漬けには、大根・なす・れんこん・しょうが・しその実・きゅうり・なたまめなどの7種類の野菜が入っています。本書では手に入りやすい野菜を使って作りました。

材料

- 大根 … 6cm（約130g）
- れんこん … 5cm（約100g）
- なす … 1本（約120g）
- きゅうり … 1本（約100g）
- にんじん … 1/2本（約70g）
- しょうが … 1かけ
- 塩 … 小さじ1と1/2
- 昆布 … 3cm
- A
  - 砂糖 … 大さじ4
  - 醤油 … 大さじ3
  - 酢 … 大さじ3

保存

- 冷蔵 … 1週間
- 冷凍 … 1か月

作り方

1. れんこんは皮をむいていちょう切りにし、塩（分量外）を入れた湯で1分ゆでる。

2. 大根、にんじんはいちょう切り、なすは皮をむいて半月切り、きゅうりは輪切り、しょうがは千切りにし、ポリ袋に入れて塩を加える。袋の上からもみ、重石をのせて10分おく。

3. 待っている間に昆布を細く切る。2の袋の角を切り、水気を切る。

4. Aを鍋に入れて火にかけ、沸いたら野菜をすべて入れて全体をサッと混ぜる。再び沸いたら火から下ろし、3の昆布を加えて保存袋に汁ごと入れて、冷蔵庫で半日以上おく。

千枚漬け

パリッとした食感にしたいときはスライサーではなく、
包丁で薄くスライスしてみて。
大根でも同じように作れます。

材料
かぶ … 1玉（約250g）
塩 … 小さじ1
A ┌ 酢 … 大さじ3
　├ みりん … 大さじ3
　└ 砂糖 … 大さじ1
昆布 … 4g
鷹の爪 … 1/2

作り方

1 かぶの皮は筋の内側まで厚めにむき、スライサーで薄くスライスする。

2 バットなどに入れ、塩をもみ込んでラップをかける。ラップの上から重石をのせて1時間おき、水気を切る。

3 別のきれいなバットなどに1/2量のかぶを広げ並べて鷹の爪、昆布をのせる。残りのかぶを重ねるように広げる。

4 Aを鍋で軽く煮切りして、さめたら3にかける。かぶに密着させるようにラップをして一晩冷蔵庫でおく。

保存

冷蔵 … 1〜2週間

らっきょう甘酢漬け

カレーに添えるのはもちろん、タルタルソースの具材にしてもおいしいです。
もちろん、そのまま食べてもOK。

材料

らっきょう … 1kg
A ┃ 米酢 … 2カップ
　┃ 砂糖 … 1カップ
　┃ 塩 … 50g
鷹の爪 … 2本

保存

冷蔵 … 1年

作り方

1. らっきょうは洗って泥など汚れを落とし、根元はギリギリに、先端は長めに切り落とすⓐ。流水で洗いながら残っている薄皮を取り除き、しっかりと水気を拭き取る。
   → 晴れている日はざるにあげて、干して水気を取っても。

2. 鍋にAを入れて火にかけ、甘酢を作る。

3. 清潔な瓶（または保存袋）に1のらっきょう、2の甘酢、鷹の爪を入れる。ふたをして冷暗所で5日おく。

明太なめたけ

定番のなめたけに明太子をプラスした、ご飯泥棒な一品。明太子を入れずに作れば、ノーマルななめたけに仕上がります。

材料
えのき … 2袋（200g）
A ┌ 酒 … 大さじ2
　├ みりん … 大さじ2
　├ 醤油 … 大さじ2
　└ 酢 … 小さじ1
明太子 … 1腹
ごま油 … 小さじ1

保存
冷蔵 … 1週間
冷凍 … 1か月

作り方
1 えのきを食べやすい長さに切り、ほぐす。

2 鍋に1とAを入れて汁気がなくなるまで加熱する。汁気がなくなってきたらほぐした明太子を入れて全体を混ぜ、仕上げにごま油を加える。

海苔の佃煮

焼き海苔を水でふやかして調味料で煮詰めると、よく知っているあの佃煮の風味に。ふやかすときに入れた水分が飛ぶまでしっかり煮詰めてくださいね。

材料
海苔 … 10g
水 … 100ml
A ┌ 醤油 … 大さじ2
　├ みりん … 大さじ2
　├ 砂糖 … 小さじ1
　└ 和風だしのもと（p.72）
　　　… 小さじ1/2

保存
冷蔵 … 1週間
冷凍 … 1か月

作り方
1 鍋に海苔をちぎりながら入れ、水を加えて火にかける。

2 海苔がふやけたら、Aを加えて弱火で水分がなくなるまで加熱する。

福岡風イカの塩辛

福岡のあるお店で出てくるワタを使わない塩辛、
家でも食べたくて研究してできたレシピ。
刺身用の切ってあるイカを使って作ることもできますよ。

材料
- イカ（生食用）… 2杯
- 酒 … 適量
- 塩 … 小さじ1
- ゆずの皮 … 2g
- 柚子胡椒 … 小さじ1/2

→ 釣ってきたイカで作る場合はアニサキス（寄生虫）対策のために2日以上冷凍し、解凍してから使う。

保存
- 冷蔵 … 2〜3日
- 冷凍 … 3週間

作り方

1. イカは胴の中心を開いてワタとゲソを取り、軟骨を取り除き、皮をはがす。胴とえんぺらを細切りにする。ワタとゲソは切り離し、ゲソも食べやすい大きさに切る。

2. ボウルに1と酒を入れてもみ込み、キッチンペーパーで軽くおさえて水気を取る。

3. 別のボウルに2と塩を入れて和える。

4. ゆずの皮をむき、白い部分を取り除いて千切りにする。3に加えて和える。

5. 最後に柚子胡椒を加えて和え、冷蔵庫で半日おく。

アンチョビ（ナンプラー）

小さいイワシであれば、マイワシでもカタクチイワシでもどちらでもOK。
たくさん手に入ったら、一度は作ってみたい一品です。

材料
イワシ … お好みの量
粗塩 … 適量
オリーブオイル … 適量
ローリエ … 1枚
鷹の爪 … 1本

作り方

1. イワシを手開きにし、内臓、骨、皮を取り除き、重さを量る。粗塩の必要量を計算し、計量する。
   → イワシの重さ×0.3＝粗塩の必要量。

2. 1のイワシを塩水（分量外）で洗い、キッチンペーパーで水気を拭き取る。

3. 保存容器に粗塩の半量を振り、イワシが重ならないように並べる。上から残りの粗塩を振り ⓐ 、イワシに密着させるようにラップをかけてふたをして冷蔵庫で約2か月おく。

4. イワシを取り出してキッチンペーパーで水分を拭き取る。保存瓶に入れてイワシが浸かるくらいのオリーブオイルを注ぎ、ローリエと鷹の爪を入れる。

5. イワシを取り出した後の容器に残った水分はナンプラーⓑとして、粗塩はフライパンで炒って水分を飛ばせばナンプラー風味の塩として使える。
   → ナンプラーは大さじ4くらいができる。

保存

冷蔵 … 1年
ナンプラーは冷蔵で1〜2週間

アンチョビ（ナンプラー）

ごまあじ

福岡名物「ごまサバ」のたれを家庭で作りやすくアレンジ。
手軽に使いやすいあじに和えて召し上がれ。

材料
あじ（刺身用）… 2枚
醤油 … 大さじ2
みりん … 大さじ2
酒 … 大さじ1
すりごま … 大さじ2
　→ あじ以外に鯛、ヒラメ、さわら、ブリ
　　などで作ってもOK。

作り方

1. みりんと酒を鍋に入れ、煮切りしてさます。

2. ボウルに1、醤油、すりごまを入れて混ぜる。

3. あじを食べやすい大きさに切り、2で和える。

4. 皿に盛りつけ、お好みで小ねぎ、刻み海苔、しょうがをのせる。

絹厚揚げ

おいしく作るコツはたっぷりの油でじっくり揚げること。
しっかり水切りして、油はねを防ぎます。

材料
絹豆腐 … お好みの量
揚げ油 … 適量

作り方

1 絹豆腐はキッチンペーパーで包み、重石をのせて約1時間おいて水切りをする。

⟶ 木綿豆腐で作る場合も油はねを少なくするため、同様にしっかり水切りする。

2 揚げ油を熱し、約170℃まで温める。揚げる直前に豆腐表面の水分をキッチンペーパーでおさえ、やさしく油に入れる。

⟶ 温度の目安は、油に菜箸を入れて、菜箸全体からシュワシュワと小さい泡が出るくらい。

3 やさしく返しながら、全体がきつね色になるまで弱火でじっくりと揚げる。油を切って器に盛り、お好みの調味料をかける。

がんもどき

あつあつのできたてが食べられるのは
手作りだけの贅沢。豆腐は絹豆腐でも作れます。
お好みでしょうが醤油で召し上がれ。

材料（10個分）

木綿豆腐 … 450g
卵 … 1個
　→ 山芋のすりおろし50gでもOK。
片栗粉 … 大さじ2
塩 … 小さじ1
砂糖 … 小さじ1
にんじん … 1/2本
枝豆（さやから取り出した状態）
　… 50g
ひじき（水に戻した状態） … 15g
揚げ油 … 適量

作り方

1　木綿豆腐はキッチンペーパーで包んで重石をのせ、一晩おいて水切りをする。
　→ 水切りをしっかり行わないと形が崩れる原因に。3の成形時に崩れてしまうようなら、片栗粉を少しずつ追加して。

2　にんじんは細切りにし、枝豆はゆでてさやから取り出す。ひじきは水で戻す。

3　ボウルに1の木綿豆腐、卵、片栗粉、塩、砂糖を入れてなめらかになるまで混ぜる。2の具材を加えて混ぜたら、10等分にして丸く形を整える。

4　揚げ油を熱し、約160℃まで温める。やさしく油に入れ、全体がきつね色になるまで弱火でじっくりと揚げる。
　→ 温度の目安は、油に菜箸を入れて、菜箸の先からシュワシュワと小さい泡が出るくらい。

玉子豆腐

蒸すだけでなく、電子レンジで加熱して作ることもできます。
市販の白だしは商品によって塩分量が異なるので、大さじ1〜2に減らしてみて。

材料
卵 … 2個
白だし（p.80）… 大さじ4
水 … 200mℓ

電子レンジで加熱する場合
電子レンジ（200W）で5分加熱する。中身をすばやく混ぜ、もう一度電子レンジ（200W）で5分加熱する。固まらない場合は1分追加で加熱をする。

作り方
1. ボウルに卵を割り入れてしっかり溶きほぐす。白だしと水を加えてさらによく混ぜる。
2. 目の細かいざるなどで濾しながら耐熱容器に入れ、表面の気泡を爪楊枝などでつぶす。ラップをかけたら、爪楊枝でラップに数か所穴をあける。
3. 容器ごと約10分間蒸し、食べやすい大きさに切り分ける。
   → 蒸し器があれば蒸し器で、ない場合はフライパンや鍋で蒸しても。

はんぺん

手間は少しかかりますが、
できたてのはんぺんは
ふわふわで絶品。
本書では鯛を使いましたが、
お好みの白身魚で作れます。

材料
白身魚 … 200g
塩 … 小さじ1/2
山芋 … 50g
みりん … 大さじ1
片栗粉 … 大さじ1
卵白 … 2個分
砂糖 … 小さじ1

作り方

1. 魚の皮と骨を取り、氷水に浸けて洗う。水気を切り、フードプロセッサーに塩とともに入れて撹拌する。

2. まとまってきたら山芋、みりん、片栗粉を加えてなめらかになるまで撹拌し、ざるで裏ごししてボウルに入れる。

3. 別のボウルに卵白と砂糖を入れて泡立て、メレンゲを作る。

4. 2のボウルに、3のメレンゲを加えてつぶさないようにやさしく混ぜ合わせる。

5. 耐熱容器にクッキングシートを敷き、4を入れて表面を平らにならす。
   → 容器は500mlの容量があるガラス製の耐熱容器やパウンドケーキ型などを活用して。耐熱カップに小分けにして入れてもOK。

6. 容器ごと約10分間蒸し、食べやすい大きさに切り分ける。

さつま揚げ

具材はお好みで旬の野菜に変えてもおいしい。
油が少ないと底にくっついて
崩れてしまうのでたっぷりの油で揚げて。

材料（8個分）
木綿豆腐 … 150g
はんぺん（p.124）… 90g
塩 … 小さじ2/3
片栗粉 … 大さじ1
枝豆（さやから取り出した状態）
　… 50g
紅しょうが（汁気を切った状態）
　… 10g
揚げ油 … 適量

保存
冷蔵 … 2〜3日間
冷凍 … 3週間

作り方

1　豆腐はキッチンペーパーで包んで皿にのせてラップをかけずに電子レンジ（600W）で2分30秒加熱し、水切りをする。
　→ 水切りはキッチンペーパーで包んで重石をのせておいても。

2　枝豆はゆでて、さやから取り出す。

3　1の豆腐、はんぺん、塩、片栗粉をフードプロセッサーに入れてなめらかになるまで撹拌する。ボウルに移し、2の枝豆と紅しょうが入れて混ぜ、8等分にして楕円形に整える。
　→ フードプロセッサーがない場合はポリ袋に入れてなめらかになるまでよくもむ。

4　揚げ油を熱し、約170℃まで温める。油に入れ、全体がきつね色になるまでじっくりと揚げる。
　→ 温度の目安は、油に菜箸を入れて、菜箸全体からシュワシュワと小さい泡が出るくらい。

ハトシ

えびのすり身を食パンで挟んで、油で揚げる長崎県の郷土料理。家庭で作りやすいようエビはたたいて、焼き上げる作り方にアレンジ。

材料（4個分）
えび…10尾
片栗粉…小さじ1
塩…ひとつまみ
はんぺん（p.124）…100g
塩・こしょう…少々
マヨネーズ（p.82）…大さじ1
食パン（サンドイッチ用）
　…4枚
油…適量

作り方

1. えびの殻と背ワタを取り、塩と片栗粉をまぶしてもんで水洗いする。キッチンペーパーで水気を拭き取ったら、包丁で軽くたたく。

2. ポリ袋にはんぺんをちぎり入れ、1と塩・こしょう、マヨネーズを加える。袋の上から全体をまとめるようにもむⓐ。

3. 食パンに1/2量の2を広げ、もう1枚の食パンを重ねてラップで包む。もう1セットこれを作り、冷蔵庫で5分休ませる。

4. ラップごと半分に切り、電子レンジ（600W）でえびに火が通るまで約2分加熱する。フライパンに油を熱し、ラップを外して並べてこんがりと焼く。

もつ鍋

私の住む福岡の名物といえばもつ鍋。
福岡では鍋の定番で、各家庭ごとにレシピがあります。

材料
もつ … 400g
しょうが（すりおろし）… 1かけ分
キャベツ … 1/2玉
ニラ … 1袋
ごぼう … 1本
もつ鍋スープ
　　酒 … 大さじ1
　　みりん … 大さじ1
　　にんにく醤油漬け（p.90）
　　　… 大さじ2
　　→ 醤油のみ使う。
　　鶏ガラスープのもと（p.70）
　　　… 大さじ1
　　和風だしのもと（p.72）
　　　… 大さじ1
　　塩 … 小さじ1
　　砂糖 … 小さじ1/2
　　水 … 600㎖
　　ごま油 … 大さじ1
鷹の爪 … 1/2本
にんにく … 3かけ

作り方

1　もつ鍋スープの材料を混ぜ合わせる。もつはすりおろしたしょうがを入れたたっぷりの湯（分量外）で約2分間下ゆでし、ざるに上げる。

2　ニラは4㎝長さに切り、キャベツはざく切り、ごぼうはささがきにして水にさらす。にんにくはスライスにし、鷹の爪は輪切りにする。

3　鍋に2のキャベツ、ごぼう、にんにく、鷹の爪、1を入れ、ふたをして火にかける。キャベツがやわらかくなったら2のニラを加えてふたをし、さらに約3分間煮る。

かしわめしのもと

白いご飯に混ぜるだけで、あっという間に福岡名物かしわめしが完成。
鶏肉は親鳥の肉があれば、より本格的に。おにぎりにすればお弁当にも。

材料（ご飯2合分）
鶏もも肉 … 150g
ごぼう … 1/2本
ごま油 … 大さじ1
A ┃ 酒 … 大さじ1
　 ┃ 砂糖 … 大さじ1
　 ┃ みりん … 大さじ2
　 ┃ 醤油 … 大さじ2と1/2

保存
冷蔵 … 5日間
冷凍 … 3週間
汁ごと保存容器に入れて保存。
冷凍の場合は解凍してから汁ごとご飯に混ぜる。

作り方

1 ごぼうは包丁の背を使って皮を軽くこそげ取り、まな板の上で左手でごぼうを回しながらささがきにする。鶏肉は小さめの一口大に切る。

2 フライパンにごま油を熱し、ごぼうと鶏肉を炒める。火が通ったらAを入れて2〜3分炒める。

3 鍋のままさまし、味をしみこませる。

かしわめしのもと／いなり揚げ

いなり揚げ

ご飯を詰めておいなりさんにするのはもちろん、かけうどんにのせてきつねうどんにも。おいなりさん6個分のいなり揚げになります。

材料（6個分）
油揚げ … 3枚
だし汁 … 300mℓ
醤油 … 大さじ2
みりん … 大さじ1
ザラメ … 大さじ3

作り方

1 油揚げは開きやすくするために、菜箸などをコロコロと転がし、半分に切る。

2 沸かした湯（分量外）で1を湯がいて油抜きをする。さめたら水分を両手で挟むようにしてしっかり絞る。

3 鍋になるべく重ならないように2を並べて、ザラメ、みりん、醤油の半量、だし汁を入れる。落としぶたをして弱火でじっくり煮詰める。

4 煮汁が少なくなってきたら残りの醤油を足し、煮汁がなくなるまで煮る。

保存
冷蔵 … 1週間
冷凍 … 3週間

材料（4皿分）

- 牛こま肉 … 200g
- しいたけ … 3個
- エリンギ … 2個
- しめじ … 1/2パック
- にんにく … 1かけ
- 玉ねぎ … 1/2個
- ホールトマト缶 … 1缶
- 塩・こしょう … 適量
- 薄力粉 … 大さじ1
- A
  - ウスターソース（p.76）… 大さじ4
  - ケチャップ（p.83）… 大さじ2
  - 醤油 … 大さじ1
  - はちみつ（砂糖）… 大さじ1
  - コンソメ（p.68）… 小さじ1
- バター（p.100）… 20g

作り方

1. 玉ねぎは一口大、にんにくは薄切り、しいたけとエリンギは食べやすい大きさに切る。しめじはほぐす。

2. 鍋にバター半量を熱し、玉ねぎとにんにくを炒める。色が変わってきたら、牛肉を加えてさらに炒める。肉に火が通ったらキッチンバサミで食べやすい大きさに切り、きのこをすべて加えて炒める。

3. きのこがしんなりしたら塩・こしょうをして、薄力粉を振り入れる。薄力粉が全体になじんだらトマト缶をつぶしながら加える。ぐつぐつしてきたらAを加え、弱火で約10分煮込む。仕上げに残りのバターを入れる。

保存

- 冷蔵 … 3日間
- 冷凍 … 3週間

ハヤシライス

きのこと牛こま肉をたっぷり使って、豪華なハヤシライスを。
ルウを使わなくても、かんたんに作ることができますよ。

バターチキンカレー

材料（4皿分）
鶏もも肉… 1枚（約300g）
A ┌ カレー粉… 大さじ2
  │ ヨーグルト（無糖）… 100g
  │ にんにく（すりおろし）
  └   … 1かけ分
玉ねぎ… 1個
カットトマト缶… 1缶
バター（p.100）… 大さじ1
B ┌ ウスターソース（p.76）
  │   … 小さじ2
  │ コンソメ（p.68）… 小さじ1
  │ 塩… 小さじ1
  │ 砂糖… 小さじ2
  │ バター… 大さじ1
  └ 豆乳… 大さじ3

作り方

1. 鶏肉は一口大に切り、Aとともにポリ袋に入れて冷蔵庫で30分おく。

2. 玉ねぎはすりおろす。鍋にバター半量を弱火で熱し、すりおろした玉ねぎを炒める。色がすきとおってきたら1を調味料ごと加えて軽く炒める。トマト缶を加えてふたをし、弱火で約10分煮込む。

3. ふたをあけてさらに10分煮込んだらBを加えて混ぜ、温める。

保存
冷蔵… 3日間
冷凍… 3週間

バターチキンカレー

モッツァレラチーズ

濃厚でクリーミーな味わいがおいしいあのモッツァレラチーズも、家庭で作れます。
作るときは厚手のゴム手袋を用意して、火傷に気をつけて。

材料

牛乳（※ノンホモ牛乳）
　… 1000㎖
酢 … 60㎖
湯 … 適量
水 … 300㎖
塩 … 30〜45g

⟶ ノンホモ牛乳とは、生乳に近い状態の、脂肪の成分を小さく均一にする加工をしていない牛乳のこと。

作り方

1　鍋に牛乳を入れて63℃になるまで温め、酢をヘラにつたわせながらゆっくりと加えるⓐ。

2　ゆっくりとやさしく混ぜ、まとまってきたらざるに上げるⓑⓒ。ここで湯を沸かす。

⟶ 自然にまとまっていくので触りすぎない。

3　ゴム手袋をつけ、2をときどき湯につけながら伸ばして折る、をくり返してもむⓓⓔ。長く伸びるようになったらⓕ、表面を張らせるように丸く整えⓖ、氷水（分量外）に入れてさます。

4　別に小さめのボウルを用意し、水を入れて塩を溶かす。3を約20分つけるⓗ。

5　食べやすい大きさに切って器に盛り、お好みでオリーブオイルと塩をかける。

保存

冷蔵 … 2〜3日

ジンジャーエール

炭酸で割るとジンジャーエールですが、お湯で割ってホットドリンクにしても。
辛口にしたいときは唐辛子や、ブラックペッパーを追加して作ってみて。

材料
しょうが … 100g
はちみつ … 大さじ1
砂糖 … 100g
水 … 200㎖
レモン果汁 … 1/2個分
シナモンスティック（あれば）
　… 1本

作り方
1. しょうがは皮ごとスライスする。レモンは果汁を搾る。
2. 鍋にすべての材料を入れて、約15分加熱する。
3. ざるなどで濾してさます。飲むときに炭酸などで割り、好みの濃さにする。

保存
冷蔵 … 1週間
割る前のシロップの状態で保存。

コーラ

スパイスを集めてしまえば、煮るだけで作れるクラフトコーラ。
コリアンダー(2g)や、バニラビーンズ(1/2本)を入れるともっと本格的な味わいに。

材料
レモン … 1個
しょうが … 2かけ

A
- カルダモン10〜20粒
  （パウダー4g）
- シナモン … 1本
  （パウダー8g）
- クローブ … 3〜4個
  （パウダー1g）
- スターアニス … 4g
- ナツメグ … 2g
- ホワイトペッパー … 2振り

水 … 200mℓ
てんさい糖 … 200g

作り方

1 レモンは鍋に沸かした湯で転がしながらサッとゆでて表面を殺菌し、輪切りにする。しょうがは繊維に逆らってスライスする。

2 Aをお茶用パックに入れ（入れなくてもOK）、鍋にすべての材料を入れて約15分加熱する。

3 レモンを取り出し、さめたらスパイスごと保存瓶に入れて一晩おく。飲むときに炭酸などで割り、好みの濃さにする。

保存

冷蔵 … 1週間
割る前のシロップの状態で保存。

グラノーラ

家で手作りするグラノーラのいいところは、好きな甘さや味に調整できること。
ナッツを変えたり、パウダーを変えたりとアレンジは無限大！
いろいろな風味を楽しんで。

材料（4食分）
オートミール（クイックオーツ）
　… 100g
お好みのナッツ … 50g
ココアパウダー … 大さじ1
　（抹茶パウダーなどに
　　変えてもOK）
アガペシロップ … 大さじ1と1/2
　（メープルシロップや
　　はちみつでもOK）
太白ごま油 … 大さじ2
　（ほかの植物油でもOK）
お好みのドライフルーツ … 適量
　（入れなくてもOK）

保存
冷蔵 … 1週間
冷凍 … 1か月
密閉保存袋に入れて、保存。

作り方

1　お好みのナッツを袋に入れ、めん棒などで叩いて砕く。

2　ボウルにオートミール、1のナッツ、ココアパウダー、アガペシロップ、太白ごま油を入れて混ぜる。

3　クッキングシートを敷いた天板に2を広げ、160℃に予熱したオーブンで20分加熱する。途中で一度オーブンから出し、焼きムラができないように混ぜる。

3　加熱が終わったら、オーブンから出してさまし、お好みのドライフルーツを混ぜる。

おわりに

最後まで見ていただき、ありがとうございます。
お気に入りのレシピは見つかりましたか？

自家製レシピは、子育てのようなもの。
たまに遠回りに見えたとしても
この時間と愛情が、料理をおいしく、
そして自分自身の心を豊かに成長させてくれます。
自分で一から作り上げた一品は、
どんなに有名な一流レストランの味にも勝るものなのです。
本書の中のレシピがひとつでも、
あなたの中の「逸品」になれたらこんなに嬉しいことはありません。

濱村 圭

濱村 圭（はまむらけい）

料理研究家、フードコーディネーターとして、CM撮影やレシピ考案、メディア出演をするかたわら、司会・MCとしても活動中。自身のアレルギー体質と子どもの誕生をきっかけに「手作り」の料理の贅沢さに気づき、日々の生活に取り入れられる手作り、「自家製レシピ」をSNS等で発信している。

Instagram @kei_recipe

STAFF

撮影	佐伯信博
スタイリング	小坂 桂
調理補助	片山侑紀未
デザイン	三上祥子（Vaa）
DTP	三光デジプロ
校正	文字工房燦光
レシピ協力	ガクヤバーガー
撮影協力	UTUWA

INDEX
本書で作った食材・調味料を使うレシピを探す

食材

クリームチーズ ⟶ p.42
　ベーコンジャムサンド　20
　春巻き　45
　バスクチーズケーキ　46

コンビーフ ⟶ p.48
　コンビーフユッケ　50
　コンビーフチャーハン　51

ソーセージ ⟶ p.30
　ホットドッグ　34
　ジャーマンポテト　35

ツナ ⟶ p.26
　スパニッシュオムレツ　28
　ツナぺぺたま　29

豆腐（おから）⟶ p.36
　おからお好み焼き　39
　豆腐チゲ　40

ハム ⟶ p.22
　ハムステーキ
　　ハニーマスタードソースがけ　25
　ハムときゅうりの春雨サラダ　25

はんぺん ⟶ p.124
　さつま揚げ　125
　ハトシ　126

プルドポーク ⟶ p.52
　キューバサンド　55

ベーコン ⟶ p.16
　ベーコンジャム　19
　BLTサンド　20
　ベーコンジャムサンド　20
　コンソメのもと　68

本格白菜キムチ ⟶ p.106
　豆腐チゲ　40

らっきょう甘酢漬け ⟶ p.115
　キューバサンド　55

調味料

ウスターソース ⟶ p.76
　カレールウ　66
　ハヤシライス　130
　バターチキンカレー　132

キムチのもと ⟶ p.104
　本格白菜キムチ　106
　オイキムチ　107
　大根キムチ　108
　牡蠣キムチ　109
　うずらキムチ　110
　梅干しキムチ　110
　切り干しささみキムチ　111

ケチャップ → p.83
　春巻き　45
　カレールウ　66
　ハヤシライス　130

コチュジャン → p.84
　豆腐チゲ　40
　春巻き　45

コンソメのもと → p.68
　スパニッシュオムレツ　28
　プルドポーク　52
　クリームシチューのもと　64
　カレールウ　66
　ハヤシライス　130
　バターチキンカレー　132

白だし → p.80
　ツナぺたま　29
　おからお好み焼き　39
　玉子豆腐　123

すりおろしごま油ストック
（しょうがストック） → p.94
　棒棒鶏　87

豆板醤 → p.86
　棒棒鶏　87

鶏ガラスープのもと → p.70
　ハムときゅうりの春雨サラダ　25
　豆腐チゲ　40
　もつ鍋　127

にんにく
オリーブオイル漬け → p.90
　ツナぺたま　29

にんにくごま油漬け → p.90
　コンビーフチャーハン　51

にんにく醤油漬け → p.90
　コンビーフユッケ　50
　もつ鍋　127

にんにくパウダー → p.90
　ジャーマンポテト　35

発酵バター → p.100
　BLTサンド　20
　キューバサンド　55
　クリームシチューのもと　64
　カレールウ　66
　ハヤシライス　130
　バターチキンカレー　132

ピーナッツバター → p.99
　棒棒鶏　87

ポン酢 → p.79
　ベーコンジャム　19

マヨネーズ → p.82
　ハムステーキ
　　ハニーマスタードソースがけ　25
　ジャーマンポテト　35
　ハトシ　126

ラー油 → p.85
　棒棒鶏　87

和風だしのもと → p.72
　海苔の佃煮　116
　もつ鍋　127

自家製レシピの手帖
じぶんで作るからとびきりおいしい食材・保存食・調味料・おかず

2024年12月2日　初版発行
2025年5月15日　再版発行

著／濱村　圭

発行者／山下　直久

発行／株式会社KADOKAWA
〒102-8177　東京都千代田区富士見2-13-3
電話　0570-002-301(ナビダイヤル)

印刷所／株式会社DNP出版プロダクツ

製本所／株式会社DNP出版プロダクツ

本書の無断複製（コピー、スキャン、デジタル化等）並びに
無断複製物の譲渡および配信は、著作権法上での例外を除き禁じられています。
また、本書を代行業者等の第三者に依頼して複製する行為は、
たとえ個人や家庭内での利用であっても一切認められておりません。

●お問い合わせ
https://www.kadokawa.co.jp/（「お問い合わせ」へお進みください）
※内容によっては、お答えできない場合があります。
※サポートは日本国内のみとさせていただきます。
※Japanese text only

定価はカバーに表示してあります。

©Hamamura Kei 2024　Printed in Japan
ISBN 978-4-04-607012-8　C0077